みんなの朝食日記

ふつうの毎日、ふつうの朝食。

SHOEISHA

はじめに

本書は、朝食を大事にしている人気の朝食ブロガーさん、レシピブロガーさん21人の、普段の朝食写真とその日のブログ日記を収録したものです。

北欧食器使いでセンスのいいワンプレート朝食、体にいい食材たっぷりで健康的な朝食。ごはんとみそ汁に焼き魚の和朝食、カフェのようにおしゃれな朝食。家族のためにお父さんが作る朝食、男子高校生のいるご家庭の朝からしっかり朝食など。身近でありながらちょっと素敵な朝食の写真が満載です。

「寝坊したので慌てて用意」「これで野菜9種類クリア」「昨夜は食べすぎたのでダイエット」などの日記も楽しく、その人の朝の様子がいきいきと伝わってきます。

コラムとして、800軒のモーニングを食べ歩いた方によるおすすめモーニングや、150軒のホテル朝食を食べ歩いた方によるおすすめホテル朝食もご紹介しています。

明日の朝食がなんだかちょっと楽しみになるような、そんな1冊になれたら幸いです。

Contents

みんなの朝食日記
目次

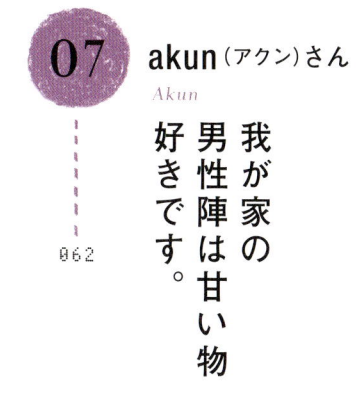

01 伊藤正恵さん

Masae Ito

平日朝起きる時間	平日の朝食を用意する所要時間
6時30分頃	20分位
休日朝起きる時間	休日の朝食を用意する所要時間
8時〜9時	30分位

パン好きなので ほぼ毎日 パン食です。

ひとり暮らしは10年以上。広告代理店の営業職として働く日々。以前はほぼ事務所内での勤務だったので毎日弁当を持参していたが、営業職に変わり出かけることが多くなったので、自炊する機会が激減。外食ばかりで味気なく、また栄養バランスも気になるので朝ごはんだけは必ず家で食べようと毎日作り始める。パンが好きなのでほぼ毎日パン食。彩りを考えて「赤・黄・緑」の食材が入るように作っている。

「1LDK」http://1ldk.petit.cc/

12/03/27　今日の朝ごはん。｜卵トースト　ソーセージ　プチトマト　きゅうり　シリアル入りヨーグルト　コーヒー

最近真面目に朝ごはんを作ってます。今までは出勤途中にコンビニで買って会社で食べてたのに！ 朝ごはんの写真を撮り始めたらちゃんと作るようになりました。記録に残すのって大事です。基本的にそんなに手はかけません。朝はパンを焼くだけで残りはレンジで調理します。ソーセージもレンジで加熱。卵は前日の夜に用意しておいて、朝はトーストにのせるだけ。乾燥パセリをふりかけると、ちょっと手が込んだ風に見えるのがよい。

▶12/03/31

今日の朝ごはん。
トースト　ソーセージ　卵焼き
ゆでブロッコリー　プチトマト
シリアル入りヨーグルト　コーヒー

緑の野菜を朝ごはんにも積極的に取り入れたいと思ってるのですが、葉物野菜はすぐに傷むので、ひとり暮らしではなかなか買うのにためらいます。その点ブロッコリーは優秀です。まとめてゆでて冷蔵庫で保存しておけばすぐ食べられるし、それなりに日持ちもします。あと個人的にブロッコリーが好きなので登場頻度が高いです。

▶12/04/09

今日の朝ごはん。
ゆで卵　スナップえんどう
ソーセージ　トースト
いちご　コーヒー

おかずが地味めな朝ごはん。ゆで卵は前日の夜にあらかじめゆでてあります。朝は半分に切るだけ。いちごはかなり安くなりましたね。これは確か1パック198円だったかな。1パックしか買わなかったことを後悔しました。

▶12/04/30

今日の朝ごはん。
和風サラダ　焼きハム　卵焼き
プチトマト　トースト
ヨーグルト　コーヒー

4月も今日で終わり。早いです。キャベツとにんじんが余っていたので、クックパッド先生に助けてもらって作った和風サラダ。あとひじきとツナが入ってます。どこが和風なのかというと、味つけにみそとしょうゆが入っているから。それでもちゃんとサラダっぽい味になってます。また大量にできてしまったので、しばらく毎日食べ続けることに。おいしくできたのでいいのですが、こういう時に食べてくれる人がいるといいなーなんて思います。

▶12/05/05

今日の朝ごはん。
のり巻き　いなり寿司
餅米をまぶした肉だんご
じゃがいもとわかめのみそ汁　白湯

珍しく和食な朝ごはん。前日に実家に行ってまして、今日の朝ごはんは実家でもらってきたものです。のり巻きは桜でんぶと卵焼き入り。肉だんごは餅米に色づけして肉だんごの周りにつけ、蒸し器で蒸したものだそうです。このメニューは子どもの頃の、子どもの日にいつも食べていたメニューだとか。あまり憶えてないけど、懐かしい味がしました。母親の手料理はやっぱり慣れ親しんだ味だからか、しみじみとおいしい。

▶12/05/19

今日の朝ごはん。 | 目玉焼きのせトースト　ゴールドキウイ　プチトマト
シリアル入りヨーグルト　コーヒー

今日の朝ごはんはラピュタパン（映画『天空の城ラピュタ』で登場する目玉焼きのせトースト）です。目玉焼きの下には一応ベーコンもあります。これは目玉焼きが半熟だと食べにくいですね。黄身が垂れてきちゃう。結局最後は別々に食べてました。このラピュタパンをアニメのようにきれいに食べられる人はいるんだろうか。キウイはゴールドキウイです。グリーンキウイよりこちらのほうが甘くて好きです。

▶12/05/23

今日の朝ごはん。 | 卵焼き　ソーセージ　トマト　きゅうり　クイックブレッド
シリアル入りヨーグルト　紅茶

朝食用のパンが切れたので、昨日の夜に「クイックブレッド」を作りました。ホームベーカリーはあるんですが、ホームベーカリーを夜にセットすると焼き上がるのは朝。朝のうちにその焼き上がったパンを切り分けて、冷めるまで待って冷凍庫に保存するにはちょっと時間がないなーということで。あっという間に作れるクイックブレッドで週末までなんとか持ちこたえようという魂胆です。クイックブレッドは作り始めてから1時間もかからずにできるから、ラクでよいです。

12/06/05

今日の朝ごはん。

ベーコンエッグ　じゃがいもといんげんの
ゆずこしょうサラダ　スナップえんどう
プチトマト　トースト　ヨーグルトゼリー　紅茶

今日もお皿からはみ出すくらい、たくさんな朝ごはん。こんなに食べるつもりじゃないのに、準備してるうちにあれもこれもとのせてしまう。ベーコンエッグはベーコンだけ先に焼く方式です。同じタイミングで焼き始めるとベーコンだけ焦げてしまうのでいつも別々に焼いてます。じゃがいもといんげんのサラダはマヨネーズにゆずこしょうを少し混ぜて和えたもの。何となく夏っぽい味です。最近は食べ過ぎ気味なので、トーストは薄切りにするようになりました。

12/06/06

今日の朝ごはん。

ゆで卵　スナップえんどう　プチトマト
かぼちゃペースト　クイックブレッド
キウイフルーツ　ヨーグルトゼリー　紅茶

今日は朝からだるくてあまり準備する気力がなかったのですが、昨日の夜のうちに作っておいたので、今日はお湯を沸かしただけでできあがった朝ごはんです。クイックブレッドは冷凍してあるんですが、焼き戻しするよりもレンジで温めたほうがおいしい。残っていた冷凍かぼちゃで、かぼちゃのペーストを作りました。レンジで温めて熱いうちにつぶして、バター、砂糖、ヨーグルトを加えて混ぜたもの。パンにのせて食べるとおいしい。まだ残ってるので明日も食べます。

12/06/08

今日の朝ごはん。

スクランブルエッグ　スナップえんどう
プチトマト　ソーセージ　ロールパン
ヨーグルト　紅茶

昨夜は飲み会でして、朝あまりお腹がすいてなかったんですが、いつもと同じ量を食べてしまった今日の朝ごはん。なんとなく食べたくなったロールパンですが、売ってるロールパンてふわふわなのね。もっと生地がぎゅっと詰まったしっかりしたロールパンを食べたいんだけど、どこかに売ってないかしら。おかずは相変わらず同じもの。スナップえんどうは安かったので買ったのですが、ちょっと筋が多い。

12/07/09

今日の朝ごはん。

直火焼きマフィン　ミネストローネ
キウイフルーツ

今日のメインはミネストローネ。スープに野菜も入ってるので副菜は特になしです。ミネストローネはトマトジュースを使って作った簡単なバージョンです。ホールトマト缶を使うと大量にできてしまうので、小さいトマトジュースを使って作ったほうがひとり暮らしにはちょうどいいです。トマトの酸味がほどよくて食が進む、暑いときでも食べやすいスープでした。

12/06/19

今日の朝ごはん。｜キウイ入りヨーグルト　紅茶

昨日の夜、微熱が出たりして、今朝も食欲がなかったのでヨーグルトだけ。体調が悪いときは冷たくて喉越しのいいものが食べたくなりますね。熱を出してからのこの2日間、ほとんど食事らしい食事をしてないのですが、痩せない……。しんどい思いをしてるんだからこういうときに痩せてくれたっていいじゃないと思うのですが。

12/06/20

今日の朝ごはん。｜栗おこわ　卵焼き　プチトマトの粉チーズ和え　梅干し

まだ本調子じゃないですが、食欲が戻ってきた今日の朝ごはん。週末に買い物に行けず、仕事帰りもしんどくて買い物どころじゃなかったので、今あまり食材がありません。なので冷凍しておいたもの諸々です。栗おこわはセットになってて炊くだけでできるやつです。1食分ずつおにぎりにして冷凍しておいたもの。プチトマトは切ってチーズと和えてみました。今朝、体重を計ったら1kg落ちてたのでわーいと喜んでたら、夜に計ったときにまた元に戻ってた……。半日で1kgも太るってなんだよー。

▶12/07/08

今日の朝ごはん。 | ホットケーキ　きゅうり　プチトマト　コーヒー

テーブルにいろいろ並んでる割には今日は品数少なめ。休みなのでホットケーキを作りました。今回のはノーマルタイプ。キレイな焼き色がつかなかった。あとふんわりとした食感にできなかった。もっちりとしたホットケーキでそれはそれでおいしいけれど、やっぱりふんわりタイプが食べたいのだ。次回はイースト入りパンケーキにしよう。

▶12/07/10

今日の朝ごはん。 | イングリッシュマフィン　卵焼き　ソーセージ　きゅうり　プチトマト　シリアル入りヨーグルト　抹茶ラテ

市販のイングリッシュマフィンです。最近食パンよりマフィンに夢中。牛乳をいつまで経っても使い切れなくて、賞味期限が切れそうだったので今日は抹茶ラテに。牛乳だけだとどうしても飲めない。苦手なら買わなきゃいいんですが、料理やパン作りには必須なのでどうしても買っちゃうんですよねー。それで中途半端に残ったのをどうしようかいつも迷うんですよねー。ひとりだと買ったはいいけど使い切れないっていう食材がよく出てくるので、もっと使い回しのできる料理上手な人になりたい。

▶12/07/20

今日の朝ごはん。 | トースト（ジャムつき）　ブロッコリーとゆで卵のサラダ　にんじんとアーモンドのマリネ　シリアル入りヨーグルト　紅茶

今日はいつもと違うお皿です。珍しく角皿。持ってたけど全然使ってなかったので久しぶりに引っ張り出してみました。四角いお皿はおかずを並べやすいですね。そして品数が少なくてもそれなりに見える気がする。今日仕事に行ったら明日は休み。あと一日頑張りましょう。

12/07/26

今日の朝ごはん。
シリアル入りヨーグルト

昨晩飲み過ぎ、今朝はこのような朝ごはん。普段晩ごはんはあまり食べないので、お酒を飲んで食が進んでしまうと翌朝は胃が重くなって大変です。シリアルは日清シスコの「大豆たっぷりグラノーラ」という商品です。

12/08/02

今日の朝ごはん。
ズッキーニとベーコンとじゃがいものトマト煮　チーズハムトースト　キウイフルーツ　シリアル入りヨーグルト　紅茶

昨日の晩に作ったトマト煮で朝ごはん。ラタトゥイユっぽいけど玉ねぎもなすも入ってないので、トマト煮としてます。トマトは煮込むときに皮をむいておいたほうがいいですね。ちょっとがっつり食べ過ぎてお腹が苦しい。

12/08/10

今日の朝ごはん。
卵焼き　ソーセージ　焼きズッキーニ　プチトマト
トースト　シリアル入りヨーグルト　抹茶ラテ

なんか最近毎日代わり映えのしない朝ごはんです。ズッキーニがおいしくてですね、毎日食べてても飽きないのですよ。何で今まで食べなかったのか後悔するくらい。朝ごはんって毎日同じもの食べてても飽きないから不思議。

12/08/17

今日の朝ごはん。
ジャムトースト　キウイフルーツ
シリアル入りヨーグルト　抹茶ラテ

昨日、夜遅くに飲みに行ってしまいまして、手羽先とビールなんぞを堪能して身体が重いので、今日の朝ごはんは少なめです。案の定、朝に体重を計ってみたら太ってた……。もうしない。おいしいけど夜中の手羽先禁止。

12/08/18

今日の朝ごはん。
フレンチトースト　キウイフルーツ　きゅうり
プチトマト　コーヒー

今日はフレンチトースト。久しぶりに食べた気がする。メープルシロップをばしゃばしゃかけて、甘くしてあるので飲み物はブラックコーヒーで。甘いものはおいしいなー。

12/08/19

今日の朝ごはん。
目玉焼き　ソーセージ　きゅうり　プチトマト
トースト　シリアル入りヨーグルト　抹茶ラテ

目玉焼きにしたときの朝ごはんの見た目が好きです。いかにも「The 朝ごはん！」って感じだから。そういえば目玉焼きって朝しか食べない。私の朝限定の食べものは目玉焼きとかヨーグルトとか。トーストは夜も食べたりします。

12/08/22

今日の朝ごはん。
クランペット　キウイフルーツ
シリアル入りヨーグルト　抹茶ラテ

作り置きしておいたクランペットで簡単に朝ごはんです。クランペットとはイギリスの朝食でよく食べられるパンケーキだそうです。もっちり、ふんわりとした食感。バターとメープルシロップをつけて食べました。

12/08/26

今日の朝ごはん。
目玉焼き　ソーセージ　オクラ
プチトマト　トースト　抹茶ラテ

徹夜明けで食べる日曜日の朝ごはん。徹夜なのは遊んでたとかそういうのでは全然なくて、ただ眠れなかっただけです。月に1回か2回くらい、全く眠れずに朝を迎えるっていう日がある。とりあえず休日でよかった。

12/08/27

今日の朝ごはん。
タラモサラダ　プチトマト　キウイフルーツ　イングリッシュマフィン　シリアル入りヨーグルト　アイスコーヒー

久しぶりのイングリッシュマフィン。モチモチでおいしいです。キウイは熟し過ぎて柔らかくなってしまったので慌てて食べてます。昨日の日曜日、会社の事務所の引っ越しがありまして、今日から新事務所へ通勤です。

12/09/01

今日の朝ごはん。
パンケーキ　キウイフルーツ
シリアル入りヨーグルト　アイスコーヒー

今日は微妙に寝不足なまま朝ごはん。ぼんやりしてたので簡単に済ませてしまいました。

12/09/17

今日の朝ごはん。
ハムとチーズのホットサンド　にんじんとアーモンドのマリネ
キウイフルーツ　シリアル入りヨーグルト　抹茶ラテ

久しぶりのホットサンド。ホットサンドだとパンを食べ過ぎてしまうのであまり作らないようにしてますが、しみじみおいしい。連休も最終日ですが天気が悪いので、家でのんびりと過ごします。

12/09/18

今日の朝ごはん。
ソーセージ入り卵焼き　プチトマト　トースト
さつまいものレモン煮入りヨーグルト　抹茶ラテ

野菜を買ってなかったので緑色の食材がない朝ごはんです。ヨーグルトにはさつまいものレモン煮を入れてみました。まだまだ残暑厳しく暑い日が続いてますけど、スーパーにはちらほら秋の味覚が出始めてますね。

12/09/22

今日の朝ごはん。
バゲット　目玉焼き　焼きハム　きゅうり　プチトマト
さつまいものレモン煮入りヨーグルト　抹茶ラテ

今日は写真展を見に東京へ行ってきます。あとは東京の友達と飲み会。遠くにいても会えば一緒に遊べる友達がいるってのはいいですね。

12/09/29

今日の朝ごはん。
トースト　卵焼き　ベーコン　コールスロー　プチトマト
シリアル入りヨーグルト　カフェラテ

仕事のミスをもやもやと引きずりながらの朝ごはん。なかなか気持ちを切り替えられない性格です。それでも朝ごはんを準備しているときには無心になれるので料理するって本当に気分転換になるのだなーと思います。

12/10/01

今日の朝ごはん。
バゲット　卵焼き　ハム　コールスロー　プチトマト
シリアル入りヨーグルト　カフェラテ

コールスローがなかなか食べ切れないのです。近所のスーパーでキャベツが安く売ってるのですが、一番小さいので半玉で、私には半玉でも多い。キャベツを買うと食べ切るまで毎日食べてます。

12/10/06

今日の朝ごはん。
卵焼き　ハム　にんじんサラダ　サラダ菜　プチトマト
トースト　シリアル入りヨーグルト　紅茶

いつもと同じような朝ごはん。サラダ菜が思ってたより日持ちがするので重宝してます。葉物野菜は痛みが早いので敬遠してたのですが、サラダ菜は結構いいかも。

12/10/11

今日の朝ごはん。
クイックブレッド　ハム　キウイフルーツ
シリアル入りヨーグルト　紅茶

寝坊してあまり準備をする時間がなく、食べずに出勤しようかと思ったのですが、やはり朝ごはんはちゃんと食べないと……と思って、慌てて準備した朝ごはんです。基本切っただけ。パンは一応焼きました。

12/10/14

今日の朝ごはん。
ドライフルーツ入りパン　ポテトサラダ　サラダ菜　プチトマト
ハム　バナナ　ブルーベリーヨーグルト　コーヒー

昨日は買い物へ出掛けたので、食材豊富な朝ごはん。本当は新しい服を買おうと出掛けたのに結局服は買わずに、キッチン雑貨や食材を買っただけで終わってしまった。洋服買ったりするの苦手なのですよ。

12/10/15

今日の朝ごはん。
ごまパン　ポテトサラダ　サラダ菜　プチトマト
バナナ　シリアル入りヨーグルト　紅茶

今日のパンは黒ごま入りの丸パン。おかずたちは残り物いろいろ。バナナが1本食べ切れないので毎日ちびちびと食べてます。中途半端に残すと切ったところの色が変わってきてしまうのが難点。

12/10/16

今日の朝ごはん。
ドライフルーツ入りパン　サラダ菜　プチトマト
ゆで卵　ベーコン　シリアル入りヨーグルト　紅茶

ゆで卵にはスイートチリソースをかけてます。基本的に保守的な舌の持ち主なのですが、ゆで卵にかけて食べるというのをネットのどこかで見て、真似してみたらおいしかった！　スイートチリソースはありです。

12/10/18

今日の朝ごはん。
マフィン　紅茶

今日は出張でいつもよりも早く出勤なので簡単な朝ごはん。買ってきただけです。無印の栗とメープルシロップのマフィン、だったかな？　秋になると出てくる限定「栗・さつまいも・かぼちゃ」は無条件で好きです。

12/10/21

今日の朝ごはん。
カンパーニュ　目玉焼き　鶏ハム　にんじんマリネ
キウイフルーツ　シリアル入りヨーグ　ト　コーヒー

鶏ハムを初めて作りました。金曜の夜に塩こうじとハーブ、こしょうをすり込んで1日冷蔵庫で熟成。土曜の夜に沸騰したお湯に沈めたまま就寝して、日曜の朝に食べてみました。ハーブを使ったのでなかなかおいしかった。

12/10/27

今日の朝ごはん。
トーストサンド　豆乳コーンスープ
キウイジャム入りヨーグルト

今日は珍しくサンドイッチです。具が盛りだくさんだったのでラップでしっかり巻いてから半分に切ってます。こうするとサンドイッチが崩れずにきれいなままで食べられます。コーンスープは市販のもの。

12/11/08

今日の朝ごはん。
トースト　ソーセージ　かぼちゃのごまマヨサラダ
ブロッコリー　シリアル入りヨーグルト　紅茶

段々と日が短くなって、日の出が遅い。朝ごはんの写真を撮るときも暗いです。これからどんどん日が入りづらくなるので、写真撮るときはどうしよう。電気つけて撮るのはヤダし。今日の朝ごはんは残り物。

▶ 12/10/28

今日の朝ごはん。｜かき玉にゅうめん

そうめんって普段あまり食べないので全然減らないのですよ。むむーって悩んだ末ににゅうめんにしました。白だしで作ったおつゆに卵を流し入れてかき玉を作り、ゆでたそうめんを入れた丼の中に汁を入れるだけ。食べる前にねぎたっぷり。簡単です。炭水化物だけでお腹いっぱいにするのが好きではないから、麺類やお米をあまり食べません。とはいえ家にあるそうめんを食べないわけにはいかないので、残りも何か調理法を考えて消費したいと思います。

▶ 12/11/10

今日の朝ごはん。｜バナナフレンチトースト　コーヒー

今日の朝ごはんはフレンチトーストです。フレンチトーストは休日の朝ごはんって感じがします。フレンチトーストを作るときは多めのバターでこんがり焼いて、食べるときにはメープルシロップをたっぷりかけるので、かなりカロリー過多な気がします。でもこういうのがおいしい。食べないほうが身体にはいいんだろうけど食べたくなる罪作りな味。

12/11/20

今日の朝ごはん。 | ジャムトースト　シリアル入りヨーグルト　紅茶

寝坊したので今日は簡単に済ませた朝ごはん。鎌倉で買った、いがらしろみさんのジャムがまだ残ってます。これから1ヶ月、公私ともに忙しくなりそうで戦々恐々としてます。

12/11/25

今日の朝ごはん。 | ホットケーキ　バナナ　コーヒー

今日の朝ごはんはホットケーキです。スーパーでホットケーキミックスを買ってしまおうかと思ったけど、(いやいや、家にある食材で作れるじゃん) と思って買わずに家にある薄力粉を使って焼きました。キレイな焼き色にしたいんだけど、火加減が難しい。今日は新居で使う家具などをちょこちょこと買い足しました。買うものリストを作ってあるのですが、トータル金額がおののくような額になってます。でもあまり安いもので妥協はしたくないのでここは太っ腹にバーンと使う予定です。

column

「1LDK」伊藤さんの お気に入り食器たち

気に入った器だと おいしさも 変わる気がします。

子供の頃から食器好きで、雑貨屋に行って使わないのに買ったりしてました。ブランドまで気にするようになったのはひとり暮らしを始めてからです。Arabia（アラビア）、iittala（イッタラ）などの北欧食器は、何年も形が変わらないところが好きです。流行りすたりがないし、いつでも買い足せる。気に入ってる食器を使うとそれだけでも、おいしさが変わる気がします。そして丁寧に準備しようという気になります。食器は普通に手で洗いますが、不思議と一度も割ったことはありません。

今、欲しいのは、持っている「HASAMI」のプレートの色違い。全色揃えたい。あと「iittala」のティーマプレートは一枚も持ってないのでミニプレートを買いたい。

1 **Arabia**（アラビア）
24h Avec／20cm

和洋どちらも合うオールマイティなお皿。映画「かもめ食堂」で使用された。

2 **HASAMI**（ハサミ）
PLATE／22cm

HASAMIは長崎の波佐見焼のブランド。お皿がフラットで盛りつけやすい。

3 **Arabia**
KOKO オーバル／18×26cm

朝食のワンプレートはもちろん、オムライスなど1品料理でも合わせやすい。

4 **APILCO**（アピルコ）／FLORA
フレンチボウル／12.5cm、14cm

フランスの老舗メーカーのもの。スープやサラダ、おかず等何にでも合う。

5 Arabia
ムーミンマグ／250ml

ドリンク類はすべてこのマグカップ。量がちょうどいい。

6 白山陶器
マルティブルー／7号（22cm）

シンプルな色で食材が合わせやすい。深さがあるのでカレーなどにも。

7 iittala（イッタラ）
Aino Aalto ボウル／120mm

北欧の代表的なブランド。サラダなど一人分の量にちょうどいい大きさ。

8 iittala
Origo スナックボウル／150ml

フルーツ、ヨーグルトなどを盛りつけるのにもぴったり。

9 秋田道夫デザイン
80mm／200ml

プロダクトデザイナー秋田道夫さんデザインの湯のみ。2重構造なので持っても熱くならない。

10 iittala
Aino Aalto タンブラー／220ml

冷たいドリンクはこのグラス。手になじみやすく持ちやすい。

11 TANBANANBA 木のしごと バターケース／バターナイフ

難波行秀さんのバターケース。バターナイフが内蔵でき、ふたがきっちり閉まる。

※このページの商品はすべて伊藤さんの私物です。

02

SHIZUKOさん

Shizuko

平日朝起きる時間	平日の朝食を用意する所要時間
6時30分	30分
休日朝起きる時間	休日の朝食を用意する所要時間
7時	30分

自己流ですが野菜たっぷり体にいいものを。

本業は舞台演出、演劇教育関係です。料理は自己流で、冷蔵庫にあるもので作ることがほとんど。私の仕事スタイルとつながっています。欲しい役者を集めて舞台を作るというよりは、そこにいる人たちを如何に見せるか、料理するか、というスタイルで、朝食も作っています。季節感を大切にしながら、野菜を中心に、体にいいものを食べていきたいと思っています。

「ちょこっとダイエット塾」
http://shizua.blog81.fc2.com/

12/02/02 ｜ししゃも登場！

イヤー、寒い。今日の最高気温予報は3℃！ 風も強い。でも、幸せなことにこちらは青空です。
ししゃもって居酒屋で食べることがほとんどなんですが、冷凍物をいただいたので朝食に登場です。おいしいですよね。プチプチとした卵の部分の食感、白身のところはあっさりしてるけど、味わい深いし。もう一品は、青梗菜と豚肉のしょうが風味。

▶12/02/03

節分定食？

節分ですね。自分でかわいいお花の巻き寿司でも作ろうかなー、なんて思っていましたが……、やっぱり断念。昨日のうちに、梅田に出て、京都は壬生寺の福寿巻を買ってきました（笑）。そして、今朝は、まさに節分定食！　恵方巻&いわし&福豆の朝食にしてみましたー！
今日、私は残念ながら一日中仕事。なので、朝、家の窓を開け放って豆まきだけ済ませました。

▶12/02/15

きんかんと芽キャベツのマリネ

週末に抱えているイベント、うまく行くかギリギリの瀬戸際。何とかなってくれ！　って祈る気持ち（笑）です。私自身はちゃんと食べてるから、まあ、何とか頑張っていられるのかな！
今朝は焼きさばと炊き合わせ、きんかんと芽キャベツのマリネです。きんかんは半分に切ってタネを抜いて、グリルで焼き色がつくくらいに焼いて、一晩マリネ液につけました。総食材数は11。もうちょっと頑張らなきゃなー。

▶12/03/08

春キャベツのペペロンチーノ

短期決戦仕事、何とか結果は出ました。楽しい時間が過ごせました。でも、それまでの過程に反省点がいっぱい。凹まないで進んでいこう！　って感じです。
そろそろ、春キャベツもおいしくなってきましたね。春キャベツのペペロンチーノは、パスタ抜きでも当然おいしいので、ごはんのおかずにしました。豚バラを使ってます。もう一品は、ちりめんじゃこ入り卵焼き。これ、大好きなんです。そしてかぼちゃとわかめのみそ汁です。

▶12/04/02

最後の湯豆腐～ひとり鍋

寒かった日の朝食です。ひとり鍋で湯豆腐。「スティックじゃこ天」がポイントです。菊菜、しいたけ、白菜が入ってます。身体が心から温まって、朝から活動的になれますね。つゆはポン酢に、たっぷりのとろろ昆布を入れました。ごはんには、ちりめんじゃこと梅干。これを、ガガガーッて混ぜて食べると、すごくおいしいんです。なんか、健康的ですよね。でも、ごはんは軽く一杯で我慢我慢。

12/04/27

たけのこごはん

先日、初めて自分でゆがいて、案外簡単だなーって味をしめたたけのこ、またまた買ってきました。たけのこごはんです。食べるときにごまを振ると、これがとってもおいしくなるんです。あとは、卵豆腐とみそ酒粕漬けきゅうり、なめこのみそ汁。
いよいよ明日からゴールデンウィーク。ああー、焦りまくってます。仕事の結果を出さないといけない時期が続いていて、考えなきゃいけないことだらけ。ううーん、でも、頑張る！

12/04/28

カプレーゼで朝食！

最近、モッツァレラチーズにちょっとはまってます。カプレーゼで食べようと思いつつ、なかなか作らなかったんですが、今朝やっとできました。バジルの代わりに塩漬けで冷凍保存してある大葉で。切って、順番に並べるだけだから、簡単！　ごまドレッシングをかけてます。山芋はせん切りにして麺つゆで。おみそ汁には、かぼちゃ・オクラ・薄揚げ。卵を焼いて、菊菜を添えました。

12/05/29

レタスたっぷりサラダ冷麺

蒸し暑いです。朝ごはん食べてたら、それだけで汗が…。もうすぐ6月ですもんね。そんな朝は、やっぱ冷麺！　今朝は野菜たっぷりのサラダ冷麺です。レタスを敷き詰めたお皿の上に、中央を開けて麺を盛りつけ。そこに、たっぷりのきゅうりとハムの細切り。卵は、目玉焼きを崩してスモーク塩・こしょうしてあります。サッパリと酸味の利いた冷麺、この時期にピッタリ。ただ、麺をゆでるお湯を沸かしていると、熱いですねー、やっぱり（笑）。

12/05/30

若鶏の唐揚げ甘酢あんかけ

唐揚げは大人気メニューで、あまり嫌い！　って人に会わない気がします。そのまま食べてももちろんおいしいけど、たまにはひと手間加えましょうってことで、甘酢あんかけにしました。こうすると野菜も一緒に取れて、一石二鳥（笑）。時間がないときに助かります。にんじん・玉ねぎ・ピーマン・オクラを炒めて、唐揚げと一緒にあんかけです。お吸い物は、簡単とろろ汁。ごぼうの煮物をちょっとだけ添えました。

▶12/06/11　国産黒毛和牛でモーニングステーキ

いただきましたー、国産黒毛和牛フィレステーキ肉！100グラムちょいで、2,200円でした。ありがとうございます。助かります。さっそく早起きして、冷蔵庫から肉を取り出し、常温で約30分スタンバイ。後は、塩こしょうをして、にんにくオイルを温め、強火で表面を焼いたら、アルミホイルに包んで15分休憩。見事なミディアムレアに仕上がりました。イヤー、なんとも柔らかくて、おいしかったです。わさびだけでいただきました。

▶12/06/15　ねぎたっぷりそうめん

この時期、やたら食べたくなるそうめん。子どもの頃は、氷水にそうめんを放って食べてたけど、最近は少々くっついても気にしない。あまり冷たいものを食べるのもなんだし、そのまま器に盛ってます。今朝はねぎをたっぷりと散らしてみました。つゆにねぎを入れてもいいけど、こうすると、ねぎをよりダイレクトに感じられておいしい！　目玉焼きとサラダでバランスキープ。

12/07/12

こんにゃくステーキ

そろそろ本気で身体を絞ろうかなって思ってます。集中的に身体を動かすチャンスがこれから1ケ月あるので、一気に落としたい気分。そんなときは、食べ物もダイエットモード。代表格はこんにゃく！　こんにゃくステーキです。両面をしっかり焼いて、焼肉のタレを絡めました。残り物のマカロニを添えました。そして、冷蔵庫に野菜がなかったので、コンビニサラダを利用（笑）。ないよりはいいですからね。軽めの朝食です。

12/07/24

茶そば

ここ2日ほど、珍しく外飲みが続きました。ちょっと落ち着いたお店に行くと、シメに茶そばを出してくれたりしませんか？　そんなときの茶そばってすごくおいしいんですよねー。そこで自宅の朝食にも登場させてみました。4分半ゆでてしっかり洗って、ゆで立てを楽しみました。おかずは、作り置きのズッキーニのナムル。レタスたっぷりのポテトサラダです。ごはんを炊くのがなんとなく暑苦しく感じる最近は、朝食に麺類が増えてます。

12/07/28

初収穫のゴーヤで

買い物に行く時間がなくて冷蔵庫がカラッポ。でも朝はやっぱり、なんか野菜食べたいな……、ええーっと……、あったあったベランダのグリーンカーテンのゴーヤです。しっかり洗って、1センチ幅に切って、塩をして苦味抜き。薄揚げと一緒に炒めて、みりんでといたみそをベースにしょうゆもちょっと足して、最後に鷹の爪も炒めてぴりりと仕上げました。なかなかおいしく仕上がり、ベランダ産ゴーヤの記念すべき一品となりました。

12/08/08

アスパラとハム

クーラーいらずの気持ちいい夕べ、朝も涼しいだろうと、久しぶりに玄米を炊くことに。おみそ汁も久しぶりに作って、おかずはアスパラとハムのガーリック風味。
そして、レタスだけのハネムーンサラダに、冷奴。今日は、キッチリとした朝食でした。これで、本日も一日、頑張れるでしょう。
1ヶ月の短期決戦で挑んでいる夏仕事。いよいよ仕上げの4日間です。

12/08/14

ヨーグルトプチ断食

この写真は数日前の食卓です。昨日からヨーグルトプチ断食。2日間だけ、ヨーグルトと野菜ジュースで過ごして胃腸を休めて、体重も少し減ればいいなーって方法です。水分はしっかり取ります。

12/08/15

プチ断食・続報

さてさて、昨日一日、頑張ったヨーグルトプチ断食。なんとなんと、マイナス1.2キロでーす。で、今朝も継続中です。まあ、胃腸を休めるという意味でも頑張ってみますね。

12/08/19

麺なし冷麺?!

仕事がないので、ダイエット続行中です。目標体重までは、まだまだプラス5.5キロ(笑)なんですけどね。炭水化物抜きを続けてます。で、今朝の冷麺には麺が入ってませーん!具だけです。冷麺って言わないか(笑)。

12/08/20

タジン鍋

そろそろ復食期間に。体脂肪がガクンと減って、とってもウキウキです。今朝は復食朝食ということで、タジン鍋を使ってハーブ蒸し鶏を作りました。今日も炭水化物抜き。久しぶりにしっかりと食べました。

12/09/08

夢のトルコ物語8日間

今回のトルコ旅行、あまりにも素敵過ぎました。素晴らしい思い出ができてよかった! この日のトルコでの朝食はチーズの種類がたくさんあって、パンの種類も豊富。食料自給率100パーセントのトルコ。とっても豊かです。

12/09/24

余りごはんで焼き飯

ごはんが中途半端に残ったときは焼き飯にすることが多いです。今回は玉ねぎ、にら、にんじん、ハムが入ってます。ラー油冷奴に、なしと巨峰。みそ汁はインスタント(笑)です。

▶12/09/28

厚揚げと塩さばで、今日も元気！

ちょっと新しいことに挑戦中。最近は、ダメ出しされることがない立場だけど、ダメを出されて新鮮。絶対にオーケーを取ってやる(笑)！ と、なんだか、バタバタと落ち着かない日々です。
そんな日々の今朝の朝食。厚揚げと塩さば。魚メインのヘルシー朝食、続行中です。大好きな二十世紀なしと、水菜サラダ、なめこのみそ汁。なかなか頑張った朝食でしょ！

▶12/10/04

涼しくなったので、初・おでん

涼しくなったら、やっぱりおでん。こんにゃく・ちくわ・厚揚げ・大根・じゃがいも・うずら入りさつま揚げを煮込みました。そして、秋の代表果物・柿！ 塩さばとケフィアとねぎ入り納豆。今朝は、おでんだったからみそ汁はなしです。

▶12/10/05

魚続き

最近、魚続きでヘルシーなのは、家計が…です(笑)。トルコで遊びすぎました(爆)。昨日に続き、塩さばなのは、魚グリルを何度も洗うのがイヤなので、魚はできるだけ一気にたくさん焼いて、あとはレンチンして食べるという手法をとっております。これ、なかなかいいんですよ。パセリはちゃんと食べるために添えました。大根おろしに、きゅうりのお茶漬けのり漬け。豆腐とわかめとねぎのみそ汁。見た目以上にヘルシーな朝食になりました。

12/10/31

エビのホワイトソースフライ

今日はなんだかちょっと憂うつ。仕事が気掛りだからかな。今、考えても仕方ないんですけどね。まあ、しっかりおいしいものを食べて気分転換。
今朝は、冷食ですがエビのホワイトソースフライを作ってみました。揚げただけですけど（笑）。カラッと揚がっておいしかったです。添えた緑はわさび菜。小鉢はにら玉。海藻たっぷり大根サラダに、えのきと大根のみそ汁。さあさあ、頑張って今日も、1日いい日にしましょう！

12/11/03

だし巻きとハーブウインナー

素敵な秋晴れ。やっと今日はお休み。午後から用事があるけど、ちょっとのんびり。こんな日は、朝もゆったり。ササッと作って、ゆっくりと食べました。メイン（笑）は、だし巻き。白だしを加えて、ふんわりと焼き上げました……というつもりだったけど、ちょっと焦げてますね。そして、包丁を使って細切りにしたレタスをたっぷり。それだけでは寂しいから、パリッと焼いたハーブウインナーをトッピング。なめこのみそ汁と飲むヨーグルトで、満腹です。

12/11/09

居酒屋スタイルの湯豆腐

今日は腰が痛い……。うーん、ちょっとやばい感じ……。医者に行く時間を作らなきゃ、と思ってます。そんな今朝は、湯豆腐で温まって仕事に。昆布だしで、豆腐を温めて、しょうゆで味つけ、刻みのりをトッピング。汁物としてもおいしくいただけます。飲み屋さんが、このスタイルで湯豆腐を出してくれるんですが、それがお気に入り。小鉢は、水菜の煮浸しともやしのスパイシー炒め。たっぷりレタスに塩鮭。という朝食で、気合を入れました。

12/11/12

野菜たっぷりすいとん汁

雨上がり。雲が多いけど、晴れそう。夕方、寒くなるから気をつけないと。風邪が流行りだしてますね。
今日もバタバタ。時間がないので、温まって勝負が早いすいとん汁で朝食。やっぱりおいしいなー。野菜たっぷりで、簡単。

12/11/14

鮭・納豆朝定食

風が強くなると、とても寒く感じますね。あっという間に11月も半分。ふー…。バタバタしてますね、相変わらず。ちょっと焦り気味。でも、朝ごはんは食べましょう！ ということで、定番っぽい朝食。鮭・納豆朝定食です。
和食の基本って感じですよね。紅鮭には、ほうれん草のおひたしを添えて、納豆には卵と刻みねぎも入れました。水菜と薄揚げの煮浸しと豆腐のみそ汁という組み合わせです。

12/11/16

温玉ミートソーススパ

今日は簡単朝食。温玉ミートソーススパ。レトルトのミートソースを使っています。パスタをゆでるときに一緒に温玉も作りました。

12/12/13

紀ノ川サービスエリアのコーヒーランド

阪和自動車道・紀の川SA（下り線）にあるパン屋さん「トートル」の一押しが「コーヒーランド」です。パリッとした細身のバゲットに、ちょっと甘いコーヒークリームが挟んであります。これ、本当においしいんです。ということで朝食に。スープは、菊菜の玉ねぎスープ煮。そして、じゃがいもと赤・青ピーマン入りスペインオムレツ。柿とケフィア。うーん、満足の朝食です。さあ、明日はいよいよ今年最後の仕事。うまくいきますように。

▶12/12/15　かぼちゃと赤ピーマンのガーリックオイル焼き

久しぶりに飛行機に乗って国内移動。そんな朝は、ちょっとしっかりめの朝食。
かぼちゃと赤ピーマンのガーリックオイル焼き。もう一品は、見た目が悪いけど、ほうれん草のチーズ焼き。ほうれん草にスライスチーズをのせてオーブンで焼いただけ。マヨネーズでいただきました。なめこ汁と小松菜と薄揚げの煮浸し。いつものおかずは、ホッとします。野菜中心だけど、体重増加……。やっぱ、おやつがダメですね(笑)。

▶12/12/16　白菜のしょうが風味あんかけ

冬の野菜のトップを走る白菜。しょうが風味あんかけでいただきました。しょうがは、身体の中から温まるし、寒いときにはうれしい食材。トロッとしたあんかけは、冷めにくくていいですよね。そして、中華風のおかずには炒飯。初めて炒飯の素を使ったんですが、なかなかおいしくできますよ。とってもぱらっと仕上がって、上出来上出来。コールスローと豆腐のみそ汁。結構満腹になった朝食です。

03 ぷりんさん

Purin

平日朝起きる時間	平日の朝食を用意する所要時間
7時	60分（スタッフ4人分）
休日朝起きる時間	休日の朝食を用意する所要時間
7時30分	休日は朝ごはんなしでブランチかランチになります。30分程度でパン食が多い。

娘とスタッフ４人分の朝食を作っています。

自宅にて多忙な仕事を持つ娘のサポートをしながらお料理やガーデニングを楽しんでいます。スタッフみんなの食事作りが私の主な仕事。おいしいと言ってもらえるとうれしくてまた頑張れます。

「Lovely place」
http://blog.livedoor.jp/puding_cat/

12/02/21 ダイエット朝ごはん

娘のダイエット朝ごはんです。湯豆腐にはたっぷりのおろししょうがと削り節をのせ、亜麻仁オイル、だしじょうゆで。あとはみそ汁とフルーツ。パイン、キウイ、いちごなど。今日はオクラとコーンバターもつけて。果たしてこれでダイエットになっているのかどうか疑問ですが（笑）。春になると脂肪が落ちやすいらしいので私も本気でダイエットしようかな……。毎年春になったら同じこと言っています（爆）。

▶12/02/24

寒くはなかったけど、おじや（笑）

今日は急に暖かくなってうれしい1日でした♪　あったかいだけで、こんなにもウキウキうれしいなんて（笑）。いつも身体が暖まるようにと、熱々おじやを作ったりしますが、今日の朝ごはんは寒くはなかったけど、おじや（笑）。いろんな野菜が入っています。にんじん、玉ねぎ、白菜、大根、ブロッコリーの芯（笑）。さといも、さつまいも、しめじ、シイタケ、あ、それにお餅も入れました♪　最後に溶き卵とにらを入れてできあがり。あとは、卵焼きときんぴらごぼう、ピクルス。

▶12/03/22

ヘルシー朝ごはん

最近の朝ごはんはちょっと和風の朝ごはん。
☆厚揚げの甘煮にキノコのあんかけ・落とし卵入り　もずく（土佐酢）　ピクルス　揚げとねぎのおみそ汁

▶12/04/14

温泉卵♪

久しぶりに温泉卵を作ってみました。温泉卵用容器を持っていたのに、すっかり忘れていました。表示通りに作ったらちょっと固まりすぎ。トロ～リ黄身が流れるくらいがいいんだけどな。あと1分短くすればよかった。確か前回作ったときもそう思ったのに学習してません（笑）。
☆サンマのみりん干し　ピクルス　温泉卵　切り干し大根の煮物　キムチ　ポテトのパン粉焼き　野菜サラダ　わかめと豆腐のおみそ汁

▶12/04/26

塩こうじの鮭で朝ごはん

うちの卵焼きは少し甘い卵焼きです。必ずごま油を入れます。お砂糖と、お塩少々、薄口しょうゆ、お酒で調味。風味がよくて、みんなも大好きな味。あと、マヨネーズや牛乳を入れるのもたまにやります。
☆塩こうじをつけて焼いた鮭　なす浅漬け、キムチ、きゅうりとにんじんの甘酢漬け　卵焼き　新玉ねぎのおかかじょうゆ　トマトとリーフ野菜のサラダ　お豆腐とわかめのおみそ汁

▶12/05/16　ひじき入りおむすびで朝ごはん

今日は一気に夏日！　そろそろクローゼットに半袖を用意しなくっちゃ。寝具類も夏仕様に替えて。う～ん、忙しくなります。ガーデニングショーに出かける日だったのでサッとできるおむすびに。柔らかひじきのふりかけは、しそ風味ですごくおいしいのでうちではごはんに混ぜて、よくおむすびにします。みんな大好きです。

☆ひじき入りおむすび　卵焼き　キムチ、きゅうりの浅漬け　新玉ねぎのサラダ　わかめと豆腐のおみそ汁

▶12/05/23　ポテトとベーコンのハーブ炒めで朝ごはん

もう、週の半ばですね。今週もフルスピードです（笑）。ポテトとベーコンのローズマリー炒めは、いい香りでおいしいのでヘビロテ中（笑）。スタッフみんなも大好きです。明日から娘は仕事でアメリカに発ちます。ギリギリまで仕事して休む間もないようです。私は4、5日のんびりできそうですけどね（笑）。

☆目玉焼きとウインナー焼き　ポテトとベーコンのローズマリー炒め　コーンのバター炒め（パセリ入り）　トンプソン　にんじんの酢漬け　トマトと野菜のサラダ

▶12/06/23

土曜日のブランチはホットサンドで♪

夕べは娘と、娘のマネージャーさんも誘って3人でベランダバーベキュー♪　娘がお取り寄せしたバーベキュー用のいろいろなお肉はどれも大当たりでおいしかったです♪　ビールやワインが進みました～！　今日は、娘とふたりのブランチなのでホットサンドにしました。
☆ホットサンド（甘い炒り卵、スライスチーズ、ロースハム）　トマトときゅうりの塩こうじサラダ　コーヒー　デザートに、キウイフルーツ2種、すいか、デラウェア

▶12/06/24

日曜日のブランチはホットケーキで♪

さてさて娘とふたりでの食事は今日まで。明日からまたスタッフが入りお仕事再開です。ブランチは娘が大好きなホットケーキだったのですが、美容室の予約があるからと出かけてしまいました。頑張ってふたり分食べるぞ――！　いやいや、いくら私でもそれは無理（笑）。先日作ったブラックベリーのソースとメープルシロップをたっぷりかけて。バターが溶ける！　ホイップクリームが崩れる～と写真を撮るのが大変でした（笑）。

▶12/07/20

外の風を感じながらの朝ごはん

今日は一気に気温が下がってびっくりするほどの涼しさ！一時的なもののようですが、連日の暑さに閉口していたのでちょっとホッとします。気温の差が激しいと体調を崩しやすいので気をつけましょうね。今朝は思いっきり窓を開けて、外の風を感じながらの朝ごはん。
☆三色野菜（にんじん、ピーマン、玉ねぎ）のカレーコンソメ炒め　新じゃが小芋の炒め揚げ　目玉焼き　きゅうりのピクルス　きゅうり入りちくわ　トマトと野菜のサラダ

▶12/08/21

揚げのあぶり焼きで朝ごはん♪

いつも「明日の朝ごはんは何にしよう……」と考えながら眠りにつくのですが、最近は考えているうちに寝てしまいます（笑）。だから朝になって冷蔵庫の中身を見ながら考えることに。作り置きの常備菜があると1品助かります。
☆揚げのあぶり焼き（おかか、ねぎ、みょうが等の薬味とだしじょうゆで）　野菜入り炒り卵　ピーマン、パプリカ、にんじん、玉ねぎ入り　ブロッコリーボイル　ひじきと大豆の煮物　野菜サラダ、塩こうじトマト　すいか

▶12/08/24　昨日の朝ごはん♪

今回はちょっと長めのお仕事でしたが、全員夕べ終了。次回までに少し日にちが空きます。ちょっとダラけてしまいそう(笑)。いつもだと日頃やろうと思っていたことを少しずつでも手をつけるのですが、何しろこの暑さ。涼しくなってからにしようと思います。
☆目玉焼き　じゃがいもとベーコンのローズマリー炒め　ブロッコリーボイル　ミートボール　レタス外葉のガーリックバターソテー　塩こうじトマト　カスピ海ヨーグルト(ブルーベリージャムで)

▶12/09/19　ポテトオムレツで朝ごはん♪

オムレツ好きのスタッフのために(私も好きだけど。笑)、ポテトオムレツを作りました。ひき肉、玉ねぎ、にんじん、ゆでて半分つぶしたじゃがいも入り。砂肝のガーリック炒めはお酒にも合う一品です。あ〜、また食べたい……(笑)。
☆ポテトオムレツ　砂肝のガーリック炒め　カニかまときゅうりの酢の物(針しょうが入り)　カスピ海ヨーグルト(プラムソースで)　野菜とトマトのサラダ　皮ごと食べるぶどう

▶12/09/26

ナスとピーマンの
甘みそ炒めで朝ごはん♪

今朝は娘がドイツへと旅発ちました。一緒に行くマネージャーさんがドイツ語が話せるので心強いです。ドイツは、もう結構寒いらしいですね。なるほど地球儀で見てみたら緯度的に日本よりだいぶ北です。しばらく地球儀に見入っていました（笑）。小学生レベルです（爆）。
☆目玉焼き　カニカマときゅうりのサラダ　ナスと赤緑ピーマンの甘みそ炒め　玉ねぎのスライスサラダ　トマトと野菜のサラダ　カスピ海ヨーグルト

▶12/10/13

鮭のムニエルで朝ごはん♪

今日は玄関エントランスに置いているプランターにクリスマスローズの小苗を6本植えました。まだ小苗なので来春は咲かないけど、たくさん咲いたところを想像しています（笑）。
☆鮭のムニエル　いろいろ野菜のカレーコンソメ炒め（パプリカ、ピーマン、にんじん、玉ねぎ、レタス、ソーセージ）　きゅうりのピクルス　野菜とトマトのサラダ　カスピ海ヨーグルト

▶12/10/21

日曜日の朝ごはん♪

日曜日だけど前半のお仕事が今日まで続いています。明日からは後半のお仕事。終わったらショッピングに出かけたいな♪
☆ひじきのおむすび　ちくわの磯辺揚げ　きゅうりとカニカマの酢の物　きんぴらごぼう　キムチ　きゅうりのピクルス　ミニトマト　いちじく　カスピ海ヨーグルト
おむすびにすると、なぜだかおいしいですよね。小さいおかずを少しずつ並べて。いちじくは甘い蜜がいっぱいでした♪　花を食べてるんですよね～（笑）。

▶12/11/11

日曜日のブランチは
フレンチトースト♪

ひとりのブランチは大好きなフレンチトーストに。写真を撮っているうちにホイップクリームが溶けてしまいました。オレンジもずり落ちていますね（笑）。彩りにグレープフルーツルビーとアボカドを。アボカドはスジがいっぱいでおいしくなかったです。カットするまで中がわからないのは悔しい（笑）。メープルシロップたっぷりで。さて、雨が降り出さないうちにベランダ仕事。ちょこちょことやることがあります。

▶12/11/19　いよいよ冬本番の朝ごはん♪

今日は一段と冷え込みましたね。朝ごはんのとき、この冬初めてガスストーブを点火。仕事場は、床暖房のスイッチ、ON！　本当にいよいよ冬本番。この冬はどんな冬なんでしょうね。
☆目玉焼き　ブロッコリーボイル　切り干し大根と揚げの炒め煮　キムチ　オクラ納豆　トマトと野菜のサラダ　カスピ海ヨーグルト　しめじ、えのき、揚げのおみそ汁

▶12/11/21　野菜たっぷりの朝ごはん♪

今日もいいお天気です♪
娘の仕事室は南側の壁が全面ガラスブロックなので、太陽の位置が低い冬場は温室状態。暖房を入れなくても室温が27、28℃になります。半袖で過ごすスタッフもいるほど。超省エネでガラスブロック様々です（笑）。
☆ウインナー入り野菜炒め、目玉焼きのせ（半熟の目玉焼きをつぶしながらいただきます）　小さなおかず（高菜炒め、昆布の佃煮、キムチ、切り干し大根の炒め煮）オクラ、えのき、揚げのおみそ汁

▶12/12/01

今日の朝ごはん♪

日に日に寒さが増してきますね。いつも11月中旬に飾っていたクリスマスツリーも今年はまだ飾れていません。☆なすの昆布だし和え（ルクエでチンして軽く絞ったなすに砂糖と昆布だしを加え、せん切りしょうがと一緒に和えます。ごま油を加えると中華風に）　ほうれん草と卵の炒め物　トマト　切り干し大根の炒め煮　紫花豆のシロップ漬け　ブロッコリーボイル　ピクルス（カリフラワー、きゅうり、にんじん）　にんじんの甘酢漬け　カスピ海ヨーグルト

▶12/12/06

小さなおかずで朝ごはん♪

今日はよく晴れているので、娘の仕事室は温室になっています。暖房を入れてないのに暑いくらい。お日様はありがたいです♪　今日の朝ごはん。プレートに小さなおかずをいろいろ盛ってみました。

☆卵焼き　キムチ　新漬けオリーブ　煮豆　わかめとしょうがのごまドレ和え　切り干し大根の炒め煮　パスタのバジルソース和え　大根と揚げのおみそ汁

▶12/12/18

ホットケーキでブランチ♪

今日は娘とふたりだったので、娘の好きなホットケーキでブランチ♪　娘はバターとメープルシロップだけで、ホイップクリームやフルーツソース類はいらないそうです。私はなんでもOK派。しかもたっぷり（笑）。美しい花模様の器は、私の好きなブランドのひとつ、イギリスのロイヤルアルバート。久しぶりのホットケーキ、おいしかったです♪

▶13/01/01

今年もよろしくお願い致します♪

あけましておめでとうございます。今年も穏やかで静かな新年を迎えることができました。お節を作ってもふたりだけだとなかなか減らないのですが、それでも、お節がないとお正月が来た感じがしないので作ることにしています。お雑煮とお刺身だけでおなかいっぱいになるのでなかなか減りません。

☆煮しめ　エビの旨煮　いくら　黒豆　菊花大根（酢物）

自家製伊達巻　ミニお重にお刺身やかまぼこ類

今年も皆様にとってステキな1年になりますように！

column

「Lovely place」ぷりんさんのお気に入り

リフォームで使いやすい調味料収納＆パントリー

毎日使うキッチンは特に、使ってみて初めて、こうした方がよかったとかこんなのがあれば便利とかがわかりますよね。うちは築7年目で家中のリフォームをしたんですがどこも本当に使いやすくなりました。最初からだとこうはいかなかったと思います。普段から、いいなと思うデザインや設計をメモっておいて打ち合わせの時に設計士さんに相談しながら進めました。リフォームはプランを考えてるときも楽しいですよね。

1 たくさんの調味料をきっちりしまえるように

毎日の調理に使う調味料はどんどん増える一方です。パウダーや顆粒状の物から固形、液体と数知れず（笑）。それで、リフォームの際には、今まで使いづらかったところを改善すべくサイズも細かく測ってオーダーしました。
まず右側には、毎日使う、塩、こしょう類、スパイス、コンソメ、ダシの素（笑）などパウダー、顆粒状の調味料。
そして真ん中には液体のものを。オイル類、ソース類、しょうゆ、みりん、お酒、お酢などなど。以前の収納には、背の高いオイルの容器が入らなかったのでそれがきちんと入る高さにしてもらいました。
左側。ここには砂糖、塩、片栗粉、小麦粉などを。中段は100円ショップで買ってきたガラス容器に削り節、わかめ、干しエビ、炒りごま、鷹の爪、ローレル、などを入れています。

ガステーブル周りの収納。真ん中にひとつ、左右それぞれに縦長の引き出しがあります。

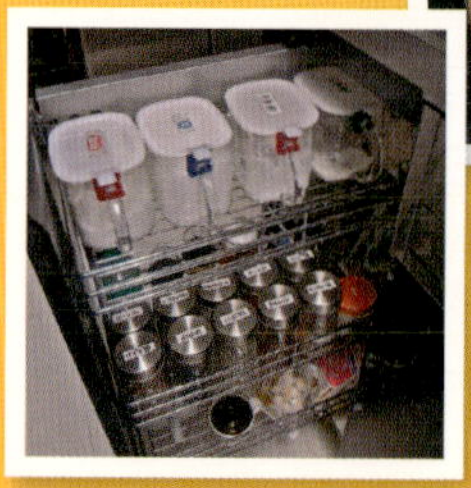

（上）オイルなども入るサイズの引き出し。（中）顆粒のものやスパイス類。（下）砂糖や粉類は左手でさっと取り出せます。

2 独立したパントリーでたっぷり収納

ここはパントリー。キッチンに併設して独立した4畳ほどの部屋になっています。場所をとるペットボトルのストックや玉ねぎじゃがいもといった野菜などもドンと置いておけるので助かっています。
食品のほかにキッチンに置けなかった鍋類や調理器具。乾物、パスタ類、予備の調味料やジャムの瓶なども。
反対側の壁はカウンターにしてホームベーカリーやミキサー、フードプロセッサーなどを置いています。ここで作業ができるように、後ろの壁にはコンセントも設置。
上部の収納は使用頻度の低い電気調理器具(笑)。キッチンペーパーやラップ、ビニール袋といった消耗品もここに入れています。天井から吊るしたポールはカゴやニンニクなどを吊るすのに便利。ドライフラワーもここで乾燥させます。

キッチンの隣にあって、ドアを閉めると見えないのでお客様があったときも便利です。

3 ステンレス生ごみ入れをスポンジ入れに

うちではこのステンレスの「エポダストホルダー」をスポンジ入れにしています。本来の使い方は生ゴミ入れだそうです。生ゴミはステンレスの三角コーナーを置いて、その都度ゴミ箱に捨てているのでこれをスポンジ入れにしました。底は穴が空いているので水切もOKです。ふたつきなので中が見えることもありません。汚れたら磨けばピッカピカになります。とってもお気に入りのキッチングッズです♪

スタイリッシュなデザインで、しかも実用的です。

04 えみさん
Emi

平日朝起きる時間	平日の朝食を用意する所要時間
6時20分	30分前後
休日朝起きる時間	休日の朝食を用意する所要時間
9時前後	20分前後

魚、ごはん、みそ汁。
和食のおいしさを
子どもに伝えたい。

7歳と4歳の男の子を育てながら、博多の海産物屋で働くシングルマザー。おだしの体に染みわたるようなおいしさや、和食のやさしくて素朴で奥深い味わいを子どもに伝えるため、和食中心の朝ごはんを作っています。

「子どもに伝えたい　日本の朝ごはん」
http://nihonnoasagohan.blog.fc2.com/

12/01/08 ｜ 七草粥、明太子、湯豆腐で朝ごはん

七草粥、実は初めて。塩ゆでして混ぜずに、のせました。私的にはすごい好きやわ～♪
今日は私の誕生日。「ママ何歳になったでしょ?」って聞いたら長男「16歳っ!!」次男「ちゃんちゃい! (3歳)」……ふたりとも正解! (笑) 育児を楽しむ! 仕事を頑張る! ちゃんと毎日化粧をして仕事に行く!(笑) いつも笑顔で! 27歳。大切に過ごしたいな。今日も、ごちそうさまでした!

▶12/01/22

カレイの一夜干し、ほうれん草のごま和え、きんぴらごぼうで朝ごはん

カレイは子持ち。トースターで5分焼きましたよ〜。「おたたな、たわいーねー♪」（お魚、かわいいね）って、隣で見てた次男がずっと言ってた（笑）。上品な味わいで、骨も取りやすいのでとっても食べやすいお魚ですよね♪　カレイが大好物のふたり、モリモリ食べてた！　卵は私が食べましたが、香りというか風味がすごくいい〜。子持ちに価値がある理由がわかった気がする！　ほうれん草はごま和えに。

▶12/01/27

梅ごまおにぎり、小女子の一夜干し、きゅうりの和え物、みそ汁で朝ごはん

今日はおにぎり。梅干と炒りごまです♪　雑穀と五穀を混ぜてちょっと節約中……（汗）。小女子は冷凍のままトースターで5分。脂が出てきてとっても香ばしく焼けました♪　昨晩は次男が、蒸した白菜ばかりをムシャムシャと超無表情で食べるのでビックリ。「何で白菜食べようと!?」って聞いたら、一言。「ぼく、デョーデュー！」（ぼく、恐竜）……恐竜ごっこ？　わからんわ〜。

▶12/02/21

肉うどん、小松菜の煮びたし、きゅうりの梅和えで朝ごはん

今朝はまた寒かったので、温かいうどんで朝ごはん♪　羅臼昆布でだしをとって酒、塩、薄口しょうゆと濃口しょうゆ少々で味つけ。のせるお肉は豚肉で、味つけは酒、砂糖、濃口しょうゆ。おつゆに甘みは入れてないので甘めに味つけしたお肉が入ってちょうどいい感じ！　水菜は彩りで入れたけど、入ってなくてもいいかな。
今日は小学校の入学説明会に行ってきました！　本当にもうすぐだな〜。

▶12/02/27

おにぎり、梅干、卵焼きで朝ごはん

超質素っ！　昨日は買い物に行けなかったので、冷蔵庫が本当に空っぽ。しかも寝坊……でも、こういう朝ごはんも結構好きだったりする。いや、おみそ汁は作るべきだったな。明日は朝ごはんもちゃんと作る！
昨日は4時間も携帯ショップにいまして。長男のケータイを買いました♪　ちょっと前まで「小学生にケータイ?！過保護すぎやろ!」って思ってた私ですが……結局買うのかよっ！ってね。

▶12/04/25　明太子ごはん、卵焼き、れんこんと水菜のサラダ、残り物でカレースープで朝ごはん

今日は頭痛がひどいなっ！　蓄膿症、まだ治らんのか〜。今朝は明太子をごはんにどーん！　とのせていただきました♪　おいしすぎるぞ。明太子ごはんっていうだけで最高の朝ごはんだったわ。まだまだあるからパスタにも使おうかな♪
昨日は長男が学校であったことをたくさん話してくれました。特に鼻息荒く話してたのが、給食の「はちみつマーガリン」。「あれね、めっちゃおいしいとよ！　ボク毎日食べたいな〜」って大興奮で言ってた。かわいかぁ〜。

▶12/04/30　水菜としめじのパスタ、和風スクランブルエッグ、ごまマヨいんげんでゆっくりブランチ

今朝は3人爆睡で、起きたら11時！　昨日の晩ごはんでパスタをたくさん湯がいたので（笑）、朝もあっさり和風パスタに♪　豚肉としめじを塩こしょうで炒めて、パスタを投入！　塩こしょうとしょうゆで味つけて最後に水菜を加えてさっと混ぜたらできあがり。
昨日は中学の友達ふたりとランチに行ってきました。ふたりともとっても素敵になってたわ！　やっぱり、友達っていいね♪

12/05/25

フレンチトースト、フルーツで朝ごはん

今朝、思いっきり2度寝。いつも全然起きない次男が「ママ〜、朝だよ〜。おーきーてー！」って起こしてくれた。そして私が起きたことを確認した次男は、また眠りについたのでした（笑）。ありがとさーん♪　起きるのが遅かったのでちゃちゃっとフレンチトースト。はちみつをかけるので卵液にはお砂糖はなしで。長男は練乳かけてました♪　ふたりともうれしそうだった！　あとはフルーツ、切っただけ！（笑）

12/07/11

目玉焼き、しろ菜の炒め物、豆腐とトマトのサラダ、かき玉汁で朝ごはん

最近卵メインが多い。なぜなら、起きるのが遅いから！　今日は目玉焼き♪　ごはんにのっけてしょうゆをたらり。しろ菜は塩こしょう、しょうゆでさっと炒めました。味はしろ菜、食感は小松菜って感じでかなり好きなお野菜！　ポン酢、砂糖、ごま油、すりごまを混ぜて、サイコロ状に切ったトマトと豆腐にかけるだけの簡単サラダ。これ、好き〜♪　昨日の朝ごはんのスープ。夜食べなかったので朝、卵を溶き加えてかき玉汁に♪

12/07/18

さばみりん、オクラのごまマヨポン酢、ピーマンとエリンギの炒め物、かぼちゃのみそ汁

久しぶりに魚だよ〜♪　作っても作っても売れていく今とっても人気のさばみりん。勤めている博多三徳の手作りです！　今日は若干焼きすぎた……。でも、めっちゃおいしい!!　自家製ダレが甘すぎず絶妙すぎるぞー。無着色っていうのもうれしい♪　冷蔵庫にピーマンがいっぱいなので炒め物に。あぁ〜ピーマンの炒め物、大好き！　子ども達はもちろん食べるはずもなく、代わりに子ども達が好きなきゅうりの塩もみも写真に写ってないけど作りましたよ〜。

12/07/31

かしわおにぎり、若布の卵焼き、きゅうりのっけ冷奴、豆乳みそ汁で朝ごはん

今日は炊き込みごはん。鶏もも肉、ごぼう、にんじん、しいたけ。味つけは酒、塩、薄口しょうゆ、濃口しょうゆ。次男は「うっま〜!!」って完食。長男は「はぁ〜。ママの炊き込みごはん、すかんっちゃんね〜」……カッチーン。ケンカしちゃったよ、朝から。せっかく作ったのに母ちゃんは悲しいよ。いつもおいしい!って食べてくれるし嫌いってわけじゃないと思う。最近、素直になれないっていうかあえて嫌な言い方をするっていうか……そういうお年頃なのかね?!

▶12/08/27

オクラとろろごはん、かぼちゃのそぼろ煮、ゴーヤの炒め物、水菜の白和え、おみそ汁で朝ごはん

遊びほーけ過ぎて、風邪引いちゃったよー。今日は鼻にティッシュを詰めて仕事に励んでいます！ (笑)
とろろごはん、大好き！ 子ども達がオクラ嫌〜！って言うので今日のオクラは後のせで。食欲なかったけどサラサラ食べれたな。すった山芋、卵、かつお節、薄口しょうゆをただ混ぜ合わせるだけ。今朝はご機嫌だった長男が混ぜてくれて、「うわっ、ボクとママで作ったとろろ、めっちゃウマいよ!」っておかわりしてくれた。

▶12/08/31

鮭こんぶおにぎり、卵焼き、きゅうりの梅ちりめん和え、かぼちゃのおみそ汁で朝ごはん

昨日の夜はお友達が遊びに来てくれたので、みんなでわいわい晩ごはんを食べ、ギャーギャー遊びまくって、子ども達が寝たのは24時 (コラコラー)。長男は起きた時間＝出発の時間。私もちょっと寝坊したのに無理やり朝ごはんを作ったら、ちーとばっかし遅刻してしまったよ (汗) 手抜き過ぎるやろーって感じのメニュー (笑)。
昨日は朝ごはんお休みしちゃいました。ちょっとね、落ち込んでた。育児って常に迷いや不安でいっぱい。もっともっと強い母になりたい!!

▶12/09/18

納豆、なすときゅうりの梅ちりめん和え、モロヘイヤのおひたし、おみそ汁で朝ごはん

生卵と納豆、大好き！　よくかき混ぜるとふわふわトロトロでおいしいんだよね～♪　道の駅で生食用のなすを買ったのでさっぱりな和え物にしました♪　きゅうりは斜め薄切りにして塩もみ。なすも斜め薄切りで水にさらし塩もみをして水ですすいでぎゅっと絞る！　で、梅ちりめんと酢、砂糖で味つけ。さっぱりでウマウマ～♪　昨日の夜は子ども達とクレープを作りました♪　おいしくできたのでバクバク食べちゃった、21時に。かなり危険だな（笑）。

▶12/09/20

晩ごはんの残りリメイク♪　ピザトースト、きのこのっけサラダで朝ごはん

晩ごはんがトマトパスタだったので、恒例のリメイクピザトーストで朝ごはん！（笑）　なす、玉ねぎ、にんじん、エリンギ、お野菜たっぷりのトマトソース！　パスタをソースに絡めて水分がうまい具合になくなるから、ピザトーストに最適なのです★　ソースを食パンの上に広げてチーズをのせて焼くだけ♪　油控えめのあっさりソースなので朝ごはんでも重くない！　子ども達も完食だーい！

▶12/09/23

豆腐入り照り焼きつくね、オクラと山芋の梅和え、かぼちゃのみそ汁で朝ごはん

久々に豆腐つくねで朝ごはん♪　絹ごし豆腐とパン粉を混ぜてふやかしておいて、塩、卵、刻んだ野菜、鶏むねひき肉を加えて混ぜて成形して焼いて、酒、みりん、しょうゆ、砂糖、酢を加え煮詰めるだけ！　具は、にんじんと青ねぎ。あっさり、ふわっふわ～♪　ごはんが進むぞー!!　今日は公園でたっくさん遊んでいっぱいごはんを食べて、とっても楽しい一日になりました♪　いろいろやらないといけないことてんこ盛りなのに、現実逃避し続けています（笑）。今夜は仕事しないと、本気でやばいわ。

▶12/10/01

秋刀魚めんたい、ゴーヤの炒めもの、酢の物で日曜日の朝ごはん

「秋刀魚めんたい」！　これは……おいしすぎるやろ……。さんまそのものがおいしい。身にも明太だれがよく染みてて、お腹にたっぷり詰まった明太子……ごはんがすすみすぎるわ～！　朝ごはんに食べるのはちょっともったいないぐらいだった！（笑）　う～ん、幸せ♪　ゴーヤは今年最後かな。切って塩をして、さっとゆでてひき肉としめじと炒めるだけ。味つけは塩こしょう、酒、濃口しょうゆ。ウマー。

12/10/23

鰯めんたい、ほうれん草とベーコンのソテー、かぼちゃの黒ごまサラダで朝ごはん

今日は「鰯めんたい」！　博多三徳のお店の特売のときに買っといた。アルミホイルを敷いたトースターで約5分。あぁ〜、おいしすぎる!! ごはんのおかわり必須。ふ〜、幸せ♪　ほうれん草はベーコンとしめじと炒めました。普段、ベーコンはあまり買わないけどたまにはいいさ〜♪ ほうれん草が安くておいしい季節になりましたね！

今日は雨。写真も暗いなー。気持ちもなんだか沈みがち。テンション上げて頑張らないと！

12/10/31

さんまの塩焼き、焼きなす、ほうれん草のナムルで朝ごはん

さんまの塩焼き〜♪　もう今年最後かな。子ども達もモリモリ食べてた。特に次男は魚大好き。だいたい骨は取ってあげるんだけど、取り残しの骨も器用に骨だけ口から出てくる。今日は大根おろしつき。焼きなすはいつもの手抜き。切って水に浸けて、拭いて油を少しひいたフライパンで焼く！ 火加減は弱火で。全部の面を焼いたら砂糖としょうゆとしょうがの絞り汁に浸ける。長男がこれ好きなんだよね〜。

12/11/22

にゅうめん、かぼちゃとがんもの煮物、小松菜のおかか和え、なすとしめじの炒め物で朝ごはん

昨日の夕方、「おちょーめんがいーい!! おちょーめんがいーい!!」と次男がずーっと言ってたので、今朝はにゅうめんで朝ごはん！ 鶏肉を切る気にならなかったので、赤身の豚ひき肉で。鍋に水、かつお節、酒、砂糖、しょうゆを入れて火にかけて玉ねぎを煮て、ひき肉を加えて火が通ったら卵でとじる！ そして煮物はせっかく夜のうちに作っておいたのに、今朝そのことをすっかり忘れてた！(笑) おかげで、ちょっとボリューミーな朝ごはんに。

12/12/06

鶏だんごとしらたきのスープ、炊き込みごはんのおにぎり、卵焼きで朝ごはん

今朝も寒かった〜！ 仕事してる間ずっと足先が寒くて……温かいスープを食べたい!!! で、こんな朝ごはんに。鶏だんごは豆腐入りでふわっふわです！ 子ども達がとっても喜んでモリモリ食べて「おかわりー!!」って叫んでた(笑)。体が温まったしとってもおいしかった♪ しらたきが入ってるとボリュームも出てヘルシー。私も大好きだー!! 品数少ないけど、お腹いっぱいになったぞー♪

12/12/12

豆乳ホットケーキで土曜日の朝ごはん

パンもごはんもなかったのでちゃちゃっとホットケーキを作りました♪ 小麦粉、ベーキングパウダー、砂糖、塩、卵、バター。あと、牛乳の代わりに豆乳。粉ふるったりしなくてもいいし、混ぜるだけで簡単♪ 薄く焼くのが私好み。ふわふわ〜でとってもおいしかった♪ 全然豆乳臭さもないし、牛乳よりきめ細かに焼き上がる……気がする！(笑) 子ども達もすごく喜んでたな〜。ちなみに、何も塗らずに食べます！ 中にバターも入ってるしね。

12/12/17

だるま明太、ほうれん草ののりポン和え、白菜の蒸し煮、せん切り野菜のスープで朝ごはん

「だるま明太」。個人的にはちょっと濃い。酒の肴にするならこれぐらいのほうがいいけど。ほうれん草はゆでてちぎったのりとポン酢で和えただけ！
最近、強烈過ぎる次男に振り回され夕方にはぐったり〜。大掃除どころじゃなかった！ 毎日少しずつやる作戦に変更じゃー。

05 麻田治男さん

Haruo Asada

平日朝起きる時間	平日の朝食を用意する所要時間
7時30分	20分~30分
休日朝起きる時間	休日の朝食を用意する所要時間
7時30分	20分~30分 基本的に毎日が日曜日です

定年退職後、朝食を担当しています。

会社勤めの頃は、休日に時折、料理を作っていました。気分転換のためです。朝は卵料理、昼はパスタ、夜は魚料理。定年退職してからは毎日の朝ごはんを担当することにしました。もう5年以上になります。自分で作った野菜や、近所にある直売所で買った新鮮な野菜を使います。朝からきちんとした食事をし、野菜をたくさんとることになって、家族みんな健康になったと思います。これからも野菜たっぷりの朝ごはんを作り続けていくつもりです。

「あさちゃんの朝ごはん」
http://ameblo.jp/hasada6869/

12/04/02 | 野菜の宝石箱や

今朝は頑張って野菜を食べました。新玉ねぎとじゃがいもはチン。スナップえんどうと、にんじんに、今朝買ってきたブロッコリーは塩ゆで。レタス、きゅうり、トマトは生。女房殿がたんぱく質が必要だと言うのでクリームチーズをつけました。

12/04/20

鶏チャーシュー

鶏むね肉のチャーシューを昨日の朝に仕込んで、今朝いただきました。煮卵も一緒に作って、野菜サラダにも、タレをかけていただきました。実は、冷凍の鶏むね肉2キロ入りを3袋いただいて、消化するのに日々奮闘しております。鶏チャーシューを2回作って、これで1袋、無事消化しました。晩ごはんにもなるので、女房殿も喜んでいます。

12/05/02

きゅうりとウインナーの炒め物

去年、畑のきゅうりが採れすぎて、炒めたらおいしかったのを思い出したので、やってみました。ウインナーを斜めに切ってまず炒め、きゅうりを縦半分に切って斜め切りにしたのを、にんじんと一緒に加え、塩をして炒めます。マギーブイヨンで味つけし、最後に下ゆでしたえんどう豆を加えて、塩こしょう。サンチュを添えてできあがり。おいしくいただきました。

12/06/27

ラクレット

正確にはじゃがいもとブロッコリのチーズ焼きです。じゃがいもは昨日収穫した、庭のプランターでできたやつ。チンして半分に切って、塩をしました。N橋さんにいただいた玉ねぎ、大きめ1個をスライスしてベーコンと炒め、下に敷きました。ラクレットチーズではなく、ピザ用チーズをまぶして、オーブントースターで焼きました。

12/07/20

ポテトといんげんのソテー

ちょっと前までの我が家の定番です。じゃがいもは太目のせん切りにして、水にさらし、いんげんは半分に切りました。最近、スチーマーでチンしたりしていましたが、今日はフライパンで生からソテーしました。ウインナーの斜め切りとベーコンを加えて、塩こしょうして、完成です。いい味をしていました。

12/08/04　夏野菜の蒸し煮

今日は少し涼しくて過ごしやすかったので、たくさんとれたミニトマトや、冷蔵庫のいろんな野菜の蒸し煮にしました。にんにくとベーコンを炒めて、野菜を全部加えて強火で少し炒め、白ワイン大2でジュッといわせてから、水大1、スープ素小1を加えて1分ほど煮るやつです。出てきた野菜のスープにバターを溶かしたソースは、すごく甘くておいしいのです。野菜は多彩です。パプリカ、にんじん、オクラにいんげん、アスパラガス、それに、ローザビアンカ（イタリアなす）とミニトマトです。

12/08/07　冷たいトマトサラダ

ひと眠りした後、なでしこの準決勝を生で見て、興奮したので、しばらくボーッとしてから、ひと眠りして、アメリカvsカナダの準決勝のビデオを倍速で見た後、朝ごはんを作りました。トマトの湯むきと、アスパラ、オクラ、いんげん、きゅうり、レッドオニオンです。おいしくいただいた後、昼まではひと仕事しましたよ。

▶12/08/24

甘長とうがらしのベーコンソテー

甘長とうがらしは、去年までは畑で作っていたので、よく食べましたが、この夏は初めてです。彩りでパプリカとにんじんも入れてソテーにしました。ブロッコリーの芯も入っています。実は、うまく炒まらないので、白ワインと水で蒸し煮にして、塩こしょうしてからだしじょうゆを回しかけました。それで、見た目がギトギトしています。味はよかったです。

▶12/08/30

ブルーベリーブレッドに
ベーコンエッグ

ベーカリー「ペニーレイン」のブルーベリーのパンには、ベーコンエッグみたいなのが合うと思ったので、試してみました。よく合いました。あとは、オクラといんげんとにんじんとキャベツの芯をゆでたものです。

▶12/09/18

バターナッツの
クリームチーズ和え

大きめのバターナッツを買いました。それで、今日は、クリームチーズ和えにしました。バターナッツは1センチくらいの厚さに切って、5分チンして、冷ましてから、砂糖と塩こしょうして、クリームチーズとハムを混ぜます。ミントを散らして、黒こしょうをまぶしました。添えたのは、いんげんと赤と黄色のパプリカのソテー、それにミニトマトです。

▶12/09/20

ポテトの卵とじとサラダ

定番のポテト料理です。サラダはレタス+きゅうり+パプリカ+アーリーレッドの4種類。ワインビネガーとオリーブオイルドレッシングです。これが一番好きです。今日は牛乳にアイスティーの2本立てでした。

▶12/09/23 | 生グリーンサラダとハム

以前よくやった記憶があります。キャベツ＋レタス＋にんじん、ピーマン、黄色パプリカ、きゅうり、パセリ、イタリアンパセリにトマト。野菜9種類クリアーです。おいしくいただきました。

▶12/10/01 | 夏野菜の簡単朝カレー

家族の年寄りが外泊なので、今朝はカレーにしました。朝作るカレーです。レシピはテレ朝のおしゃべりクッキングです。材料を揃え終わったのが7時56分。できたのが8時12分だったので、今日は16分でできました。野菜は全部同時に強火でさっと炒め、弱火にしてカレー粉大さじ1を混ぜて、ブイヨン300cc、ミートソース1缶を加えて3分煮てできあがりです。これまで作った中で一番おいしい味でした。息子が食べずに出かけたので、まだ残っています。

▶12/10/08

栗ごはんとえぼ鯛の一夜漬け、あさりのみそ汁

昨日の晩ごはんは栗ごはんでした。今年の栗はおいしいような気がします。今朝は、えぼ鯛の一夜干しとあさりのみそ汁で、残りの栗ごはんをいただきました。それに守口大根の奈良漬です。他の家族には野菜炒めを作って食べてもらいました。もやしを主体に、キャベツ、にんじん、玉ねぎ、パプリカ、ピーマンに、撤去した庭のゴーヤに残っていた小さな実とベーコンです。たまの和食の朝ごはんはいいものです。

▶12/10/29

夏冬野菜の温泉卵ソース

夏野菜と冬野菜が混在して冷蔵庫にあります。長く滞在している野菜を中心に塩ゆでして、温泉卵ソースでいただきました。にんじん、れんこん、カリフラワー、かぼちゃ、キャベツ、黄色パプリカ、オクラ、それに、ラディッシュの間引き菜です。温泉卵は70℃のお湯に15分つけておくとできます。ビタクラフトのような保温力のある鍋で、600cc（ボウル2杯）の水を沸騰させ、そこに同じボウル1杯の水道水を加えると70℃くらいになります。ここに卵を入れます。ゆで野菜はいくらでも食べられます。

▶12/11/03

レシュティのポークウインナーと少量のゆで根野菜添え

昨日の晩のうちにじゃがいもをチンしておき、今朝になってから細くおろして、焼いて、ポークウインナのソテーと少量のゆで野菜を添えました。きょうのレシュティは初めて上手にできました。理由は、ワンコ友達のママにすり下ろし用の道具をいただいてそれを使ったからです。これを使うと柔らかいゆでじゃがいもが細かくなってくれました。ママさんどうもありがとう。ウイークエンドのおいしい朝ごはんになりました。

▶12/11/08

ブロッコリーのミモザサラダ

ブロッコリーをミモザサラダにしました。塩ゆでして、ドレッシングと、固ゆでした卵の白身の粗みじんと黄身をまぶしました。ドイツハムも添えました。このドレッシングは等量のマヨネーズと牛乳を混ぜて塩こしょうしたものです。彩りでラディッシュとゆで卵を添えました。クロワッサンがひとつ残っていたので、ワタシだけクロワッサンにハムを挟んでいただきました。

▶12/11/20 ガーリック風味のカリフラワーポタージュ

一昨日の夜、近所にあるフレンチレストランに行っておいしくてびっくりしたのが、ガーリック風味のカリフラワーのポタージュでした。濃厚で衝撃的でした。さっそく、うちでも作ってみました。モッツァレラチーズ入りの卵焼きと、塩ゆでしたブロッコリーとスナップエンドウに、ラディッシュを添えていただきました。カリフラワーのポタージュには刻みパセリを飾りました。今日のパンはライ麦パンでした。

▶12/12/08 温野菜のゆで卵ソース

冷蔵庫のちょっとだけ残っている野菜を始末すべく、塩ゆでにしました。ゆで卵ソースとは、サウザンドアイランドソースの中身が固ゆで卵ということです。固ゆで卵とパセリのみじん切りにケチャップ大1とマヨネーズ大2を加えて混ぜ、レモン汁を落としたものです。パンのペーストにしてもおいしくいただけます。野菜は少し残っていたれんこんにさといも、かぶ、ブロッコリー、それにキャベツの芯とカリフラワーとにんじん。これだけの野菜を食べるとおなか一杯になりました。

▶12/12/09

スペインオムレツの温野菜添え

卵を使えという女房殿の指示があったのでスペインオムレツにしました。間違ってたくさん買ってしまったようです。ブロッコリーとカリフラワーの塩ゆでを添えました。スペインオムレツは朝ごはん作りの原点です。20年以上前から日曜日に作ったりしていました。卵6個、じゃがいも3個、玉ねぎ1／2個を使います。オーロラソースをつけていただきました。ボリュームがありすぎて、おなか一杯になってしまいました。

▶12/12/13

かぶとじゃがいものポトフ

今朝の気温は7時半で－1℃でした。ポトフは女房殿が晩ごはんに作ってくれるものですが、寒いので、自己流でやってみました。具はかぶとじゃがいも、にんじん、キャベツ、ブロックベーコンの拍子切り、厚めにスライスした玉ねぎ、ウインナー。途中で小松菜も入れたので右のほうにあります。全部おいしくいただいて温まりました。時間はかかりますが、手間がかからないポトフは朝でも十分やっていけます。

▶12/12/16

生ハム・チーズ・トーストのカラフル・ルッコラサラダ添え

サラダドレッシングは白ワインビネガー1に塩こしょうしてバージンオイル2を混ぜたのが好きですが、最近は温野菜ばっかりやっていて、しばらく食べていませんでした。それで、今日は庭のルッコラを中心にカラフルな野菜サラダを作りました。そして、生ハムとチーズをのせて焼いたトーストと一緒にいただきました。生ハムは生で食べるより、さっと焼いたほうが好きです。ボリュームたっぷりで、とてもおいしくいただきました。

▶12/12/18

かぼちゃのクリームチーズ和え

ブログ読者の方からかぼちゃのリクエストがありましたし、それとは別で女房殿からも要求がありました。かぼちゃの甘みと、ブラックオリーブのちょっとした酸っぱみが、互いに反発しながら調和しておいしいです。ブラックオリーブがないとこの料理は生きません。男のワタシにとってはそれなりのおいしさですが、女性陣にはとてもおいしいらしく大好評でした。

06 えつこさん

Etsuko

平日朝起きる時間	平日の朝食を用意する所要時間
7時（朝ヨガに行く日は6時半）	5~10分
休日朝起きる時間	休日の朝食を用意する所要時間
7時30分	30分（ゆっくり用意すれば1時間）

ちょっとした工夫でおいしく楽しい朝時間♪

大阪府在住の主婦です。素敵な朝ごはん、充実した朝時間でキラキラした毎日を送るべく工夫して楽しんでいます。共働き、パティシエの経験から、時短メニューや簡単レシピを得意とし、食べることと同じくらい運動することを大切にしています。健康と美への熱くたぎる思いをブログより発信しています。

「シンプルライフ*幸せ朝ごはんと笑顔のレシピ*」
http://ameblo.jp/simplelife126/

12/01/21

Cafeシンプルライフ・スコーンとおしゃれおかずのモーニングセット

シンプルライフスコーン（プレーン）　スクランブルエッグ　グリルベーコン　鮭マヨのディップ　プチサラダ　シナモンフルーツバター　コーヒーか紅茶
今朝は、妄想喫茶店シンプルライフ！　本日はスコーンを、塩味と、あま〜い絶品バターで。ディップは、鮭フレークにマヨとハーブを混ぜたもの。ハーブはその辺に吊るしてあったのを適当に（笑）。

12/03/31

Cafeシンプルライフ・夢のふわっふわフレンチトースト

フレンチトースト　生クリーム、フルーツソース添え　ほうれん草とトマトのスープ　コーヒーか紅茶
シンプルながら、すっごいボリューム。ほうれん草のスープ、これはおいしかった〜。朝からモリモリ食べられます。フレンチトーストに添えたフルーツソースは、簡単にチンした「食べジャム」状態の、りんごときんかん。きんかんも調べてみるとすごい効果がたくさんあってびっくり！

12/04/16

今日の朝ごはん☆
ビタミンたっぷりの朝

今朝は「にんじんとパンの耳のサラダ」と、フルーツは、いちご、バナナ、グレープフルーツ。これにはちみつを少したらして。ジュースは、にんじん、りんご、オレンジ。グレープフルーツの果汁も入れたので、ちょっとすっぱかったけど、おいしくいただけました。

12/05/29

今日の朝ごはん☆
ほくとろアボカトでトースト

こんがり焼いたトーストの上にマヨ、レタス、焼いたアボカド。アボカドがほくほくで、まったりしてて、最高～!!習慣になってきたのか、ミックスジュースを飲まないと、気持ち悪い日々です。

12/06/23

Cafeシンプルライフ・名物スコーンとハムエッグのシンプルモーニング

本日は、お客様をお迎えしての本物（?）モーニングでした☆　スコーンとケーキは手作り。分厚いハムエッグ、サラダにはラタトゥイユ風のソース。フルーツにはきび砂糖をかけて食べやすく。お客様、完食してくださいました！

12/06/30

Cafeシンプルライフ・手作り食パンとフルーツたっぷりモーニング

今朝は、夫が朝早くに東京へ出かけていきましたので、おひとりさまのモーニングです。昨夜、またミニ食パンを焼いていたので、それをメインにしました～。エビとアボカドの焼きサラダとフルーツ盛りにホイップです。

12/07/19

今日の朝ごはん☆
2種のふんわりサンド

今朝は簡単サンド～。今日のジュースは、スプーンがささってる時点で夫「イヤな予感……」。そう、ドロッドロのペースト状なんですね～。今日はにんじんとバナナが多め、りんごのシンプル配合。でもおいしかったです。

12/07/21

Cafeシンプルライフ・
ソーセージパイモーニングセット

夏休みでも、土曜日なので、妄想Cafeシンプルライフの開店です～。焼きたてソーセージパイ、アボカド、トマト、アスパラのサラダ、パイン入りヨーグルト。今朝は野菜と果物中心の軽めのモーニングです。

12/07/28

Cafeシンプルライフ・小さなココットモーニングセット☆

オリンピック、いよいよ開幕しましたね。今夜もサッカー、ありますね。今日は小さな魚介のココットがメインです。あとは、ハムとアスパラのソテー。今日は夫、飲み会注意報〜。召集される可能性アリ。

12/08/25

Cafeシンプルライフ・2種のトーストモーニングセット

今朝は、以前行ったカフェのまねっこモーニング。トーストは、ツナ缶とさらし玉ねぎとこしょう、マヨを和えたもの、ゆで卵にマヨを多めに和えたもの、2種類のトッピングでした。

12/09/21

今日の朝ごはん☆大根と春菊とトマトのパスタ

今朝はおひとりさまの朝です。がっつり食べました！ パスタをゆでて、いろいろ野菜をからめました。仕上げはモニターでいただいた旨粒しょうゆで！ 今朝の生ジュースは、ラッシーです☆

12/09/22

Cafeシンプルライフ・キッシュとフルーツたっぷりモーニングセット

ついつい食べ過ぎてしまうキッシュ、実はあると思っていた重要な材料がなかったのです。それは……シュレッドチーズ！ チェダーチーズでなんとかしのぎましたが、ま、これはこれでおいしいものです。

12/09/29

Cafeシンプルライフ・野菜のディップとおいしいパンのモーニングセット

三日月のパン、クレセントっていいますね。よつ葉バターがふんだんに使われていて、良心的な価格。バターの質がいいと、こうも香りが違うもんかね！ 鶏手羽は、塩こうじで焼きました。最後にクレージーソルトを、気持ちだけふって。

12/10/19

今日の朝ごはん☆シリアル朝ごはん

今朝も、シリアルでラクしました。前と同じでバナナと、レーズン入り。シリアル、高いけど……。朝からさくさく食べやすいってのは魅力ですね。

12/10/23

今日の朝ごはん☆
コーンマヨパン

この数日、頭痛ツワリも出始めております。こめかみをぐーっと、両方から圧迫される感じ！　でもお腹ぺこぺこの朝はちゃんと食べます。みんな大好きコーンマヨトーストにしました。これ、絶対においしい！

12/10/27

今日の朝ごはん☆
おいしいメロンパンとアレコレ

今朝は、ちょっと早目に出た夫には、パンと、ジュースだけ提供。嫁はなんとか食べられそうなものをちょこちょこ盛りました。昨日、前から気になってたパン屋さんで買ったメロンパン。ちゃんとメロンの香りがしました。

12/12/14

今日の朝ごはん☆
目玉焼きとバゲットの朝ごはん

つわりの様子が毎日、ほんのすこーしずつですが、変わってきています。ホルモンってすごいね。
普段あまり卵を使わないので、全然減らない。なのでいつもちょっぴり高価な卵を買っています。

12/12/16

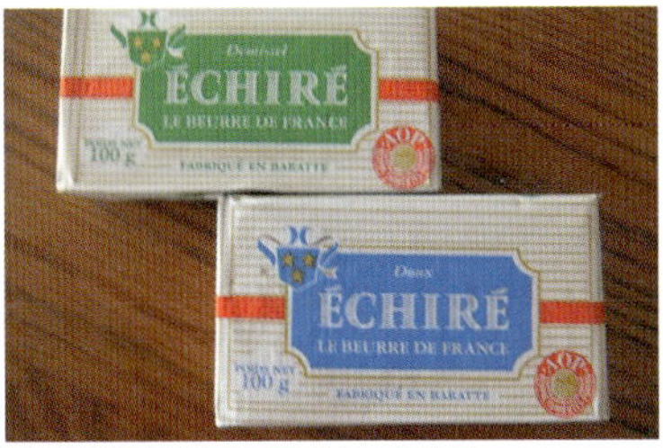

今日の朝ごはん☆
あの有名バターで贅沢朝ごはん！

昨日は戌の日のお参りに行ってきました。今朝の朝ごはんには、なんとこのバター……あのエシレバター。とうとう我が家にも……いや、もらったんですけどね（笑）。コクがあって、クリームチーズみたい！

12/12/18

今日の朝ごはん☆
キャベツスープでほっかほか～

昨晩は、ちょっとヨガをしてみました。マタニティヨガってゆるやか～。激しいヨガをしていた私にとっては全く物足りない。今朝は、温かいスープにしました。キャベツのスープ、ベーコンのうまみがしっかり出て、おいしい～。

12/12/01

Cafeシンプルライフ・
ビタミンたっぷり美ワンプレート

今朝は割とスッキリ起きられて、体調もよろしいので久しぶりにモーニング、作っちゃいました。ずーっと前の「一個人」という雑誌の朝食特集から、假屋崎省吾さんの朝食をマネしたものです。

07 akun（アクン）さん

Akun

平日朝起きる時間	平日の朝食を用意する所要時間
ほぼ5時	30分～40分
休日朝起きる時間	休日の朝食を用意する所要時間
まちまちですが7時頃	小一時間

我が家の男性陣は甘い物好きです。

夫と高校生の息子と猫3匹と一緒に暮らしています。フルタイムの仕事をしながらの毎日のお料理と息子の様子、猫の様子をつらつらと日記の代わりに綴っており、特に家族が揃って食べられる朝食を大切にしています。時にびっくり（笑）な朝ごはんもあるようですが、食べられることは健康なのかなと思っています^ ^

「*いつものご飯*」
http://ameblo.jp/akun-akun/

▶12/02/16 | フワフワ♪ホットケーキの朝ごはん

木曜日の朝ごはんはホットケーキです。甘いものが好きな我が家の男性陣は、ホットケーキの朝ごはんにテンションが上がってました。今日はきんかんのジャムも添えていただきました。きんかんのジャムとバターののっている器は、スーパーの食器棚コーナーで98円です。スーパーの食器コーナー、たまにのぞくとおもしろいですね。ホットケーキは少しお高いミックス粉を使用。ふんわり焼けるけどお菓子みたいで甘い。朝食にするには普通のミックス粉のほうが私は好きかなと。

▶12/03/13

春野菜万歳♪
かき菜のスープで朝ごはん

2週続けての週末仕事から解放され、代休だった昨日は一日ぼーっとしておりました。校外学習から帰宅した息子も楽しそうな話を聞かせてくれ、大変だったけど、案外おもしろかったんだなって感じでした。さて、我が家の新しい1週間の始まりはホームベーカリーで焼いたパン。春を思わせる、「かき菜」も登場で、うれしい食卓になりました。茎は甘く少しほろ苦く、おいしいかき菜。にんじん、玉ねぎ、大根とともにかき菜をたっぷり使って、スープというよりは煮物?に近い具だくさんです。

▶12/05/22

かじきのおろしポン酢で朝ごはん

今朝は和食な朝ごはん。かじきは片栗粉を薄くまぶし、フライパンで焼いて市販のおろしポン酢で。庭で摘んだ「水フキ」も煮てみました。春の香りですねー。フキは苦手な息子。食べるかなあって黙って取り分けたけど口に入れた途端、出した。こういうのをおいしく感じるって歳を重ねたということかしらねぇ。

▶12/05/23

ごはんは楽しく作りたい。
やっつけ仕事の朝ごはん

息子に、ちょっと言いたくないお小言を言った昨夜の私。「はいはい。わかったわかった」そう言いながらも視線はTV！の息子。その態度に頭にきて、「知らないからね」って先に就寝。そういう朝は心なしか、朝食が雑です。私は誰も起こさずにこの朝食をもくもくと食べ、ひとりコーヒータイムｗ　息子、やばいと思ったらしく、「昨日はごめん。お母さんが寝た後、まずいと思って勉強したんだよ」。この一言でやっと平穏な我が家に戻ったのでしたｗ

▶12/05/24

再利用？
ちょこっと盛りの朝ごはん

昨日の愚痴に、息子が思いのほか「素直」というコメントいただきました。が、皆さん、今時の男子高校生ですよ。一筋縄ではいきません。簡単に謝るということは「母を怒らせると怖い」というのを知ってるということです（爆）　さて、納豆に入れている玉ねぎみじん切り。年中我が家は玉ねぎのみじん切りですが、新玉ねぎの時期はこれまた、倍おいしい。一度玉ねぎもお試しを。食感、かなりいいです♪

▶12/05/29 ｜ガッツリw　麻婆丼の朝ごはん

朝ごはんもお弁当もその日のひらめきで作ることが多いのですが、今朝はひらめいてしまいました。……麻婆丼w 「朝から信じらんない」とか言われちゃうけど。我が家は大丈夫なのです。長ねぎみじん切りをごま油で炒め、ひき肉を入れて炒め、コチュジャン、豆板醤、みそ、しょうが、ウェイパーで味つけ。水を入れて煮たて豆腐を足し、片栗粉でとろみをつけて完成。白髪ねぎを散らしました。

▶12/06/28 ｜カフェ飯風？朝ごはん

ちょっとカフェ飯っぽい朝ごはんです。ボリューム満点な朝ごはんになりました。カンパーニュはおいしいパン屋さん作。一度、作ってみたいのだけど、腰が上がらず。テスト2日目の男子高校生は、「世界史100点いけそ！」なんて出て行ったのに「テスト範囲以外が出やがった！ 80点くらいかも」って、毎度のパターン。今日も余裕ぶっこいて出て行きました。その楽天的思考回路、少し母にも分けてもらいたいなぁ。

▶12/07/06

さばの西京焼きで朝ごはん

金曜日の朝ごはんはさばの西京みそ漬けを焼きました。これ、お酒が飲みたくなるねー。朝から失礼。長い長い2週間がやっと終わろうとしています。もう、何連勤でもいいや。男子高校生、お弁当も今週は終わり……か？　明日は模試があるのだけど、お弁当はいるのだろうか？

▶12/08/03

フルーツで調整!?　の朝ごはん

今日はフルーツとパンで朝ごはんです。昨夜、食べ過ぎたので「朝は果物とパンくらいでいい？」と息子と相談。オリンピック観戦で身体がなまってるようでそうしようということになりました。昨日塾へお迎え後、立ち寄ったスーパーで、このパンまとめて300円。これを好みでつまんで簡単ごはんです。私はアイスコーヒー。息子は相変わらずの牛乳で。多めにドリップして冷蔵庫に入れてあるアイスコーヒー。朝から暑い日にはたまりませんね♪

▶12/08/27

今日から2学期！

今朝のかなーり質素な朝ごはん。そ、粗食がいいのよ。見た目は質素でも、おだしをきちんととったおみそ汁とか契約農家さんのお米とか、お豆腐やさんの油揚げとか、皮つきのりんごとか、なんだかおいしいから幸せだったりします。しばらく、煮干オンリーのだしだったのだけど、やはり少し物足りなくて、今日は昆布と合わせだし。昨日の晩から昆布を浸しておきました。

▶12/09/28

定番、和定食朝ごはん

金曜日の朝ごはんは、何も考えなくても作れる定番朝ごはんになりました。いろいろ作っていて、今朝はボーっとしていたのでしょうね。盛りつけ段階に入ってから、おみそ汁ができてない！　普通ならだしをとるし、一番最初にとりかかる作業なのに。久しぶりに粉末だしを使ったおみそ汁。やっぱり、少し物足りない感じがします。

▶12/10/26

きのこ！
炊き込みごはんで朝ごはん

旅行中、きのこ園で採ってきたきのこで炊き込みごはんの朝ごはんです。まいたけ、しめじ、しいたけをたくさん使った炊き込みごはん。贅沢なものになりました。たくさん食べたいので副菜は簡単に。秋の味覚を楽しみました♪ 炊き込みごはん、作り方は簡単、うんまいよ！　きのこの香りを楽しみたいので薄味でどうぞ。私の「秋っぽい」ことは、秋の味覚をいただくことでした。

▶12/10/27

レンジで時短。
スープパスタの朝ごはん

土曜日の朝ですが、学校があるため普通起きです。少しのんびり起きたのでちゃちゃっと朝ごはんにしました。レンジ用シリコン容器（我が家はルクエ）にスライスした玉ねぎ、にんじん、ピーマン、じゃがいもを入れて4分加熱。フライパンでベーコンをバターで炒めて加熱した野菜を米粉と炒め、牛乳とコンソメを入れてパスタがゆで上がるまでコトコトして塩で味を整えればスープパスタの完成です。カロリーは致し方なし。でも、旨し♪

▶12/11/20

恒例、
ちょこっと盛りで朝ごはん

火曜日の朝ごはんはアクン家恒例ちょこっと盛り。お弁当と兼用だったり、昨日の残り物だったりを少しだけ見栄えよく（そうでもないけど）盛りつけるのがちょこっと盛りの定義w　見た目よりパパッと朝ごはんが用意できていいです。今回の豚肉と玉ねぎの炒め物。普通はお肉から焼きますが、玉ねぎをじっくり焼いて甘みを出したかったので、玉ねぎから焼いてます。その後お肉を入れて、お手製焼肉のタレで簡単調理です。

▶12/11/22

夫さんリクエスト。
ざるうどんの朝ごはん

今日は夫さんリクエストで、ざるうどん。温かい具だくさんつけ汁でいただくのが定番です。今日は豚小間、長ねぎ、玉ねぎ、にんじん、小松菜が入ってます。添えてある湯掻きレタスもつけ汁につけていただきます。薬味はのりと長ねぎ。夫さんが知人の農家さんの畑で、抱えるのも大変なほどの長ねぎをいただいてきました（自分で抜いて持ってけ！と言われて、抜いてきたそうですw）。

▶12/12/11　オレガノ風味ペンネアラビアータの朝ごはん

今年も残すところあと20日と聞いて驚いたアクンです。大掃除……何にもしてないですよ？　さて、今朝はペンネアラビアータ。にんにく、とうがらし、玉ねぎ、ベーコン、カットトマト。最後にオレガノと粉チーズを振りました。しっかり牛乳飲んで歯磨きして出掛けましょう。息子のカップ。お砂糖ミルクたっぷりのコーヒーが入ってます。眠気覚ましに最近飲むようになりましたw

▶12/12/13　誕生日翌日は、お赤飯の朝ごはん

昨日は息子のHAPPY BIRTHDAY 16歳でした♪　一夜明けて朝ごはんもお祝い膳です。豚汁と煮物を添えて、手作りケーキはこれで食べ切り。あっという間に高校生になった息子。いろいろと大人になりつつあるのを感じます。あと何年、息子に手作りケーキでお祝いしてあげられるんでしょうねぇ。数年でそのときに、隣にいるのは私達家族ではなくなるのでしょうね。ちょっと、しんみりしちゃいますが、それもうれしい成長ですね。

column

「東京モーニング日和」maldororさんセレクト

東京の喫茶店モーニングベストテン！

ブログ『東京モーニング日和』運営。2008年より東京都内の喫茶店、カフェ、ベーカリーなどの朝食メニューを食べ歩き、訪問したお店はのべ800軒。朝だからこそ過ごせる自分だけの時間を求めて、日々の朝を楽しんでいます。『モーニング』は流行ではなく文化であってほしいと願いつつ。素敵なモーニングで始まる1日を求めて、日々探索中。

「東京モーニング日和」
http://ameblo.jp/tokyo-morning-biyori/

maldororさんの選ぶ第1位

谷中「カヤバ珈琲」

大正時代の町家造りで、レトロでとても素敵な雰囲気のお店です。谷中のシンボルとして70年もの長い間親しまれてきました。いったん閉店していましたが、平成21年に当時の面影を残しつつ改修、新たに開店したのだそうです。こちらでは8時からモーニングセットがいただけます。私は「卵トースト」をいただきました。トーストの上にこぼれそうなほど、たっぷりのふわふわスクランブルエッグ。とりこになってしまいました。

東京都台東区谷中6-1-29
tel. 03-3823-3545
モーニングセット 8：00～11：00
年中無休

モーニングセット700円。トースト（バター、ジャム、卵）、サンド（卵、野菜、ハム）から選びます。

maldororさんの選ぶ
喫茶店モーニング
第4位～第10位

第4位
神保町
「喫茶レモン」
カウンターのみのお店。モーニングセットは半熟の目玉焼きがうれしい。

第5位
大久保
「珈琲店ツネ」
沢山の振り子時計が時を刻む店内に、静かな時間が流れる。

第6位
銀座
「カフェーパウリスタ」
ツナトーストは、分厚くてツナたっぷり。

maldoror
さんの選ぶ
第2位

吉祥寺
「茶房 武蔵野文庫」

静かにゆったりとした時間を過ごしたい日にオススメのお店です。こちらのモーニングは、一見トーストに見えますが、ポケットサンドなのです！ 半分にした分厚いトーストに切り込みを入れ、中に具がたっぷりと入っています。ふわりとした卵サラダと、カレー風味のきいたツナサラダ。ポケットサンドを初めて知ったのは、このお店だったかも。コーヒーもしっかりとコクがありながら、まろやかで、おいしいです。ただし、モーニングは先着10数名までですのでご注意を。

武蔵野市吉祥寺本町2-13-4
tel. 0422-22-9107
営業 9：30～22：00　モーニング先着10数名様
月曜定休

先着10数名モーニングサービス：ホットサンド（ミニサラダつき）150円。コーヒー550円。アイスコーヒー600円。

maldoror
さんの選ぶ
第3位

銀座
「銀座トリコロール本店」

歴史を感じさせる風格のある店構え。何度見ても飽きないです。こちらでは、日曜日でもモーニングをいただけるのがうれしいです。この分厚いトーストにはうっとりするばかり。いちごジャムとバターが添えられてます。柔らかなバターは塗りやすく、ついついたっぷり塗ってしまう。半分はバタートースト、もう半分はさらにいちごジャムもたっぷり塗って。トーストの厚みの分だけ、幸せも大きく感じる朝です。

東京都中央区銀座5-9-17
tel. 03-3571-1811
モーニングセット 8：00～11：30
年中無休

モーニングセット（厚切りトースト、サラダ、ドリンク）670円～。選ぶドリンクによってお値段が変わります。

※おことわり　2013年4月現在の情報です。詳細はお問い合わせの上、お出かけください。

第7位
池袋
「珈琲亭　蚤の市」
豆から挽いて入れてくれるコーヒー。カットフルーツ入りのヨーグルトつき。

第8位
浅草
「ローヤル珈琲店」
クラシカルな雰囲気が素敵なお店。

第9位
目白
「珈琲　伴茶夢」
フードメニューが充実。コーヒーもおいしい。

第10位
渋谷
「Paris COFFEE」
かわいらしくて、ワクワクするモーニング。

08

イオラスハーブ館

中村さた子さん

Satako Nakamura

平日朝起きる時間	平日の朝食を用意する所要時間
6時	約30~60分
休日朝起きる時間	休日の朝食を用意する所要時間
6時	約30~60分

朝食を大切に、スローフード、スローライフ。

25年前、石岡市にてフランス・メッセゲの植物療法を取り入れたエステサロンと喫茶レストランを併設したキュアサロンをオープン。以降講演や講座を通してハーブの普及に努める。常陽新聞に「食・豊かな暮らし」を連載中。拙著『心に力を』(碧天舎)、『こころとからだのエステ術』(早稲田出版)。サプリメント管理士マスター資格取得。現在は、スローライフ、スローフードの一環として、癒しのエステや食の大切さを伝えています。

「スローフードの朝ご飯、ハーブティーやサプリメントなど&日々雑感」
http://blogs.yahoo.co.jp/hatasashiya0588/

▶12/01/01 | 新年を手作りおせちと雑煮でお祝いしました

おせちは毎年作りますが、今年は手抜きです。黒豆、白花豆のきんとん、栗の渋皮煮、かまぼこ、ロースハム、伊達巻、エビのつや煮、れんこんとからし明太子の一口焼き、焼き魚、昆布巻き、酢れんこん、大根の香味漬け、煮しめです。かまぼことハム以外は、全部手作りです。子どもの頃から食べていたおせちなので、作らないとお正月が迎えられないような気がして、毎年作っています。同じものを91歳でひとり暮らしをしている方にお届けしました。

12/02/14

いただきものの小豆でぜんざいを、デザートはバラジャムマフィンとコーヒー

ご近所の方からいただいた小豆でぜんざいを作りました。今朝のフルーツは、パイナップル、グレープフルーツ、きんかん、キウイ、いちご、バナナです。デザートは、バラジャムマフィンとコーヒーです。

12/03/24

にら玉、鮭フレーク、高菜漬け……和食の朝食でゆっくりと♪

昨日は30名の歓送迎会。料理の段取りは大変でしたが、無事終わってほっとした朝を迎えました。今朝はゆっくり和朝食です。和食は満足感があります。

12/04/19

自分にご褒美の朝食

今朝は早起きして歩道の草取りをしました。少々疲れ気味なので、ゆっくりと朝食をとりました。冷凍しておいた雑穀食パンにアボカドのチーズ焼きを塗って、ハムエッグ、ほうれん草とえのきのソテー、焼きパプリカで朝食。

12/05/02

庭を眺めながらバラジャムマフィンで優雅に朝食

今朝は庭を眺めながら贅沢な朝食です。焼きたてのバラジャム＆ブルーベリーマフィン、ブルーベリースコーンとヨーグルトにバラジャムを添えて……。手作りバラ酒を入れたバラジャムは、甘く優雅な香りで癒されます。

12/05/05

サーロインステーキで力つきそう〜。子どもの日にうれしい出来事が

今朝は、ステーキを焼いていただきました。塩、こしょうして、焼き上がりにジューっとしょうゆをかけて……久しぶりに食べたステーキ、おいしかったです。力がつきそう〜。この日は子どもの日。この日のために先日いただいた鹿児島の「あく巻」を1本残しておきました。竹の皮に包んであるもち米は味も変わらず、ねっとりしています。
昨日はうれしいお客さん（知り合いのお子さん。小学生）がふたり。ハーブティとベーグルをごちそうして、心温まるひとときをすごしました。

12/05/18

山椒の実を入れた手作りつくだ煮3種、一昔前の日本の朝ごはん

山椒の実で作った佃煮3種類で朝ごはん。一昔前の日本の朝ごはんって感じです。ぬか床が醗酵しておいしくなりました。朝かき混ぜると、ぬかのおいしい香りで癒されます。フルーツは、初物のメロン、すいか、いちご、キウイです。

12/05/25

サンドイッチとグリーン豆、おいしいアイスコーヒーで朝ごはん

今朝は、明日のプチマーケットで販売するグリーン豆や黒豆を煮ました。豆類は祖母がよく煮てくれたので、食卓にあるとホッとします。サンドイッチは、卵&玉ねぎ、ポテトサラダ、ツナ&玉ねぎ、チーズ&トマト&ハム。

12/06/01

きゃらぶきとカツオ丼で朝ごはん、頬のたるみが気になる朝はダイエットティー

昨夜、カツオのお刺身を食べた残りをしょうがじょうゆにつけておいたものをカツオ丼に。最近、利尿作用に優れたダイエットハーブティーを飲んでいます。いつの間にか3キロ痩せていました。顔もすっきり。

12/06/22

いただきもので感謝の朝食！働き者の手に目頭が熱く……

今朝は、トビウオの干物以外は、いただきものです。皆さんからいろいろ食材をいただき、調理できるのは幸せです。いただいたらっきょうは、半分を妹に届け、残りを煮つけてみました。これも大好き！

12/07/25

山芋たくさんお好み焼き、ヘルシーでおいしい♪

山芋をたくさんいただいたので、お好み焼に。お好み焼きは、小麦粉をほとんど入れないで山芋をつなぎにします。野菜を食べている感覚でおいしいんです。具は、キャベツ、もやし、桜エビ、豚肉、ベーコン、卵を入れました。冷やしきゅうりとトマト、フルーツを添えて……巨峰は初物、甘くておいしい～♪　デザートは、ハイビスカスゼリーとアイスローズヒップティー。アイスローズヒップティーはビタミンCたっぷり！　色もきれいでさわやか～♪

12/08/01

焼きカレーと野菜たっぷりの朝ごはん

今朝は5時に起きて散歩、レストランとエステの部屋を掃除、シャワーを浴びてさっぱりとしたところで朝食作り。ごはんにチキンカレーとチーズをのせてオーブンで焼いてから、温泉卵をのせて混ぜて食べます。

12/08/06

サンドイッチとタンドリーチキン、にんじんジュースとローヤルゼリーで今日も元気に！

ポテトと野菜のサンドイッチと、ヨーグルトとカレー粉で一晩つけ込んでおいたチキンでタンドリーチキン。ピクルスとフルーツを添えて、ゆっくりと定休日の朝食です。最近はサラダよりピクルスを好んで食べています。

12/08/12

ポリフェノールの多い朝ごはんでアンチエイジング

今朝も、リンパの流れをよくするヨガをしてから朝食作り。ブルーベリージャムベーグルは、クリームチーズとブルーベリージャムとの相性抜群！　今朝はポリフェノールを多く含む朝ごはんです。アンチエイジングになるかも……。

12/08/26

ぶっかけ冷麦と桃ゼリーでさわやかな朝ごはん

今朝は手作りめんつゆが残っていたので、ぶっかけ冷麦に。食べているところに、近所の方がなすとオクラを届けてくれたので、一緒にティータイム。フルーツとブルーベリーベーグルを召し上がっていただきました。

12/08/23

汗を流した後のぶっかけソーメンおいしい～♪桃とパイナップルのゼリーでさわやかに

今朝は、1時間ほど垣根の剪定をして汗を流したので、そうめんが食べたくなりました。昨夜、手作りめんつゆを作ったので、いろいろ具をのせてぶっかけそうめんにしました。具は、ゆで卵、オクラ、トマト、きゅうり、カニカマ、めんつゆのだしをとったしいたけ、みょうがです。手作りめんつゆで食べるそうめんはおいしいです。だしは、昆布、かつお節、煮干し、桜エビ、天日干しいたけでとりました。昨夜、桃とパイナップルのゼリーを作ったので、今朝は食後のデザートに……お客様にも大変好評です。果汁酵素入りにんじんジュースとローヤルゼリー、野菜粒は毎朝欠かせません。

12/09/05

身障者の施設で焼いたパンで朝ごはん

昨日卒業生から身障者の方が焼いたパンをいただきました。バターロール、あんパン、クリームパン……ふわっとしていて、昔食べた懐かしいパンの味です。今朝は、バターロールにポテトサラダをサンドしていただきました。

12/10/25

なべ底に残ったルーでカレースープ、だしが効いておいしいです

チキンカレーを作ったので、なべ底に残ったルーに野菜を入れてスープに。だしが効いておいしいんです。トーストは、栗ジャムをつけて、柿なます、ピクルス、リンゴ、渋皮煮を添えて。ちょっと食べ過ぎかな？

12/10/29

急いでいるときに冷凍品や保存食があると便利、1杯のコーヒーがおいしい♪

今日は早めの朝食です。急いでいるときや忙しい朝には冷凍品や保存食が便利です。かぼちゃのスープは、真空冷凍して置いたものを湯煎して温めて……。こんがり焼いたトーストにバターと栗ジャム。

12/11/06

パイナップルとハムのピザトースト、友人から「命の献立」とありがたい言葉

自家製トマトソースを食パンに塗ってチーズ、パイナップル、ハムをトッピングしたピザトーストと、かぼちゃのスープ、おいしいコーヒーで朝ごはん。鋳金作家の路川さんから私の料理は「命の献立」とありがたい言葉をいただきました。

12/11/17

自然乾燥のもち米で栗おこわ……こだわり食材で幸せな朝ごはん

神奈川のお客様から、自然乾燥で無農薬のもち米と、無農薬のフルーツをたくさん送っていただきました。もち米はつやがありモチモチでおいしい～。気持ちのこもった食材で、今朝は心豊かな気持ちで、幸せな朝食をいただきました。

12/11/27

ポテトオムレツとハーブティーの朝食……素敵な方とご一緒しているつもりで

昨夜は、神奈川のお客様との電話で元気をいただきました。「朝食もひとりで食べると寂しいけど、素敵な方と一緒に食べているつもりで食べると楽しいのよ」と。彼女の前向きな考え方に、私まで楽しくなりました。

12/12/02

研修会メニューで朝ごはん、だしの効いたすいとん、シュトーレンとコーヒー

今日は磐石ローヤルゼリーの研修会。今日の研修会で召し上がっていただくメニューで朝ごはんです。磐石の天日干ししいたけスープ、シュトーレン、すいとんなど……。シュトーレンは、昨夜は、6本焼きました。

12/12/10

栗ジャムパイとカフェオーレ、野菜たっぷりのスープで温まって

今日は筑波大の診察日。市販のパイ生地に栗ジャムを挟んでトースターで焼いただけの簡単栗ジャムパイ。冷めたほうがおいしいような気がします。診察予約の時間が迫っているので、保冷箱に入れて車の中で朝食です。

12/12/16

愛情たっぷりの野菜をいただいてすいとんを……感謝、感謝の朝ごはん

今朝も、いただいた野菜ですいとんを作りました。いただいた4種類のいも類。むらさきいもはレンジでふかして。アントシアニンがたっぷり、甘くておいしいです。他のいも類はホイルに包んでストーブで焼きいもに。安納芋が一番おいしいです。

12/12/24

ビーフシチューとシュトーレンでMerry Christmas！

今日はクリスマス。ビーフシチュー、パエリア、シュトーレン、フランスパンなどで、Merry Christmas！　シュトーレンは昨夜も焼きましたが、今日中に送らなければ……たくさん依頼があり、間に合わないくらいです。

12/12/25

ベーグル＆アボカドマヨ焼き、鶏ハム、ダイエットティーで朝ごはん

昨夜焼いたベーグルにアボカドのマヨ焼きをつけて、手間いらずの朝ごはん。今朝は疲れたのかなかなか起きられず、起きたら顔がむくんでいたので、早速リンパの流れをよくするハーブティーを飲んで、体調管理。

09 市瀬一致さん

Icchi Ichinose

平日朝起きる時間	平日の朝食を用意する所要時間
7時	20分前後
休日朝起きる時間	休日の朝食を用意する所要時間
7時	30分前後

歌で「コメをもっと食べよう」運動推進中。

横浜のカイロの先生兼ソングライター。もっとお米を食べようと、お米がさまざまな食材に姿を変える様子を歌にした「お米百面相」で2012年Food Action Nipponから表彰。横浜くりこ庵のCMソング「たいやきくりこちゃん」など手掛ける。バンドでは福島県の天栄米の応援を継続中。朝食は起床時間や天候、体調、旬、冷蔵庫にあるものを考えて決める。和食中心。毎朝、限られた時間で朝食を作るのを楽しみにしている。北海道出身。

➡「病になりづらい身体のための朝食」
http://blog.goo.ne.jp/chiro-ynk-ichinose/

▶12/07/29

朝の牛丼

今日はお昼ごはんの時間がなさそうなので、朝から牛丼にしました！ 味つけは簡単にめんつゆ・赤ワインで、ねぎは九条ねぎです。きゅうりのこうじ漬け・高菜漬け、モロヘイヤのみそ汁、ごはんは福島県の天栄米でした。

▶12/08/01

鴨ねぎ丼

今朝は、鴨ねぎ丼です。鴨の脂はごはんに合いますね。副菜は、万願寺とうがらしの素焼き、宮城の木村水産のうにめかぶ、モロヘイヤのみそ汁、ごはんは天栄米でした。

12/09/12

冷やしたぬきうどん

今朝は、冷やしたぬきうどんと、じゅんさいのサラダでした。

12/09/22

栗ごはん定食

22日の朝ごはんは、栗ごはんでした。

12/09/23

あじの開き

今朝はあじの開きです。ごはんは天栄米に黒米を混ぜて炊きました。

12/09/24

いくら丼と冷やかけそうめん

今朝は、いくら丼と冷やかけのたぬきそうめんです。具はモロヘイヤと岩のりでした。ごはんは天栄米です。

12/09/26

冷やかけの海藻うどん

今朝は、冷やかけのうどんでした。もずく・岩のりの海藻としし唐、みょうが・天かすです。

12/09/28

しらす丼

今朝はしらす丼でした。岩のりとししとうのうどん、野沢菜です。

12/10/05

いくら丼

4日の朝ごはんは、いくら丼でした！

12/10/11

もずくと焼き長ねぎの冷やかけうどん

今日の朝は、もずくと焼き長ねぎの冷やかけうどんでした。九条ねぎがおいしいです！

12/10/12

ひじきごはん

今朝は、ひじきごはんでした。にら玉、きゅうりのこうじ漬け、鮭のアラ汁です。

12/10/13

鮭のカマ焼きと玄米ごはん

今朝は、鮭のカマの塩こうじ焼き、鮭のアラ汁、ごはんは味つき玄米でした。

12/10/15

塩辛ごはん

今朝は、塩辛ごはんです。塩辛は豆板醤漬けと自家製の塩辛でした。ごはんは天栄米です！

12/10/22

塩鮭と天栄の野菜の朝ごはん

今朝は、塩鮭の朝ごはんでした。野菜は天栄村産の野菜中心ですー。ごはんも天栄米でした。

12/10/30

巣ごもり卵

今朝は、巣ごもり卵でした。ごはんは天栄米です。

12/10/31

いとよりの塩焼きとあさり酒蒸し

今朝は「いとより」という魚を塩焼きにしてみました。あさりの酒蒸し（いとよりもあさりも昨夜見切り品で買った）、ひじき、おかひじき、じゃがいもとしその実のみそ汁、ごはんは天栄米でした。

12/11/23

さんまの塩こうじ焼き

今朝は、さんまを塩こうじに漬けて焼きました。副菜はにんじんの塩こうじ漬け、サラダ、豚モツ入りのみそ汁、ごはんは天栄米に黒米を少々混ぜて炊きました。

12/11/28

おにぎり4種

今日の朝ごはんは、おにぎり4種でした。

12/12/24

卵ごはん

昨夜はライブの後の飲み会が遅くまであり、今朝は卵ごはんでした。副菜はきゅうりのこうじ漬け、わかめのみそ汁です。

12/12/26

まぐろの漬け丼

今朝は、まぐろの漬け丼でした。副菜はポテトサラダ、ローストビーフサラダ、花咲がにのみそ汁です。

10 ドラろうさん

Doraro

平日朝起きる時間	平日の朝食を用意する所要時間
6時	15分～1時間くらい 身支度と並行して行います。
休日朝起きる時間	休日の朝食を用意する所要時間
7時くらい	30分～1時間くらい

食と文化に思いをはせつつ作る朝食。

12年前、子どもが生まれたのをきっかけに、朝夕の食事を担当するようになりました。今は朝食と週末の昼夕食を担当しています。いろいろレシピを見てさまざまな料理に挑戦しています。朝はその日の気分で何か一皿作るようにしています。自分の備忘録を兼ねて、レシピをブログにアップするようになりました。スープ、サラダは100種類以上。じゃがいも料理70種類以上、キャベツ料理50種以上。今年は家庭菜園もできそうなので野菜作りも楽しみです。

➡「朝食にこんな一品どうですか」
http://ameblo.jp/zooplankton/

▶12/02/07

ペッパーポークとキャベツ・白菜・にんじんの蒸し煮と、ガスファンヒーターの掃除

今日は朝4時半ごろ目が覚め、小説を読んでいました。読書に興が乗ってしまい、朝食は手抜きです。
家のガスファンヒーターはときどきフィルターサインがでます。家内が掃除しておいてくれと言い残し出勤しました。工学博士（電気工学）にファンヒーターの掃除をしろということは分解掃除に違いありません。せっせとボルトを外し、きれいにしました。

▶12/02/16

アイスプラント、ほうれん草、きゅうり、玉ねぎ、自家製ハム、ゆで卵を玉ねぎの皮ドレッシングで

今日はサラダです。アイスプラントを家内が買ってきたのでほうれん草と玉ねぎとでサラダにすることにしました。テレビでやっていた玉ねぎの皮の煮汁を使ったドレッシングも試してみました。朝から生野菜がっつりです。

▶12/03/17

絶品！　小松菜と玉ねぎのリゾット　というかスープというかそのようなもの

冷蔵庫に心動かされる野菜がなかったので、庭の小松菜を摘みに。最近暖かくなったせいか小松菜がぐんぐん大きくなっています。この「ぐんぐん」のエネルギーを朝からいただこうという趣向です。まずは刻んで食べてみると、ちょっと育ちすぎたか、多少繊維が気になった。そこでつぶしてスープにすることに。これがめちゃくちゃおいしい。小松菜はギンギンだし、お米の食感もいい感じだし、こういう料理はレストランであってもなかなか食べられません。

▶12/04/03

最高のアスパラガス料理!?　アスパラガスのから炒り。ホタテパウダー和え

今日は最高においしいアスパラガス料理を作ろうという気持ちで望みました。アスパラガスは5分ほど水にさらしたあと、下のほうの皮をむき、5cm程度に切る。フライパンを熱し十分加熱できたら水を切ったアスパラガスを入れ、から炒りする。40秒ほど炒ったら大さじ2の水を加えふたをして蒸す。水が少し残っているところにホタテパウダー、塩、オリーブオイルを加え、よく和える。この料理は加熱が命。ポリポリしてこそ成功です。んーまいっ！

▶12/04/11

21世紀の肉じゃが

洋食にも和食にも合い、どこの国の人の口にも合いそうな肉じゃがを作りました。オリーブオイル大さじ1を無水鍋で熱し、玉ねぎを炒めにんじんを入れ炒める。肉を入れ炒め、火が通ったら日本酒とじゃがいもを加え、蒸し煮。7分たったらコリアンダー、ごく少量の水を加える。塩、こしょうし、しばらく加熱。最後にオリーブオイル大さじ1を入れ、よく和える。しょうゆとみりんを使わず万人向けと思われたので「21世紀の肉じゃが」と命名しました。

▶12/04/24

食べ出したら止まらなかった　季節の野菜のサラダジュリエンヌ

春キャベツや新玉ねぎなど、季節の野菜をふんだんにつかった感動的なサラダです。大好評。子どもも何これっ！と言いながら食べています。ドレッシングは、塩、こしょう、オリーブオイル、米酢、バルサミコビアンコ、モルトビネガー、白ワインビネガー、ガルム（イタリアの魚醤）。
朝起きてせっせと野菜をせん切りにし、さまざまなお酢を調合してサラダを作るひとときは、創造的かつ季節感を感じます。庭ではヒヨドリがさえずり、なんとも幸せな気分。

▶12/08/22

いちじくと青みかんとバナナの朝食

昨日、新聞を見ていたら、朝食は果物だけとうたっている本の書評が載っていました。早速、牛乳もやめて、実践してみました。まず、手始めにバナナ、みかん、いちじくと水で朝食をすませてみました。いつまで続くのやら。
昨日はかねてから予算申請していた、研究提案不採択の知らせがきました。残念。来年再挑戦だーっ。

▶12/09/25

にんじんときゅうりのサラダ・ガルム風味、乾煎り桜エビを添えて

「ガルム（イタリアの魚醤）」があれば、そこらにある材料でできるこのサラダ。なかなか傑作です。にんじんときゅうりは細切り。にんじんはお湯で1分ほどゆでる。ドレッシングの材料（塩、こしょう、コリアンダーシード粉末、ガルム、モルトビネガー、オリーブオイル、桜エビ）を混ぜる。桜エビをフライパンでから炒りする。にんじんときゅうりをドレッシングでよく和えてから桜エビをトッピングする。これはうまいっ。

▶12/10/05

鶏ひき肉とにんじんと大根のスープ。しょうが入りいしる風味

イタリアの魚醤を使い切ってしまいました。今日から日本の魚醤「いしる」に移ります。さて今日のスープ。簡単でおいしいのでレシピを紹介します。サラダ油で鶏ひき肉を炒める。塩としょうが、酒少々を加える。にんじんはチーズグレーターでせん切りに、大根は包丁で厚めのせん切りにする。にんじんを加え少し炒めてから水を加える。大根を入れ、塩、いしるで調味する。肌寒くなってきたのでスープが食卓に上がる頻度が増えています。

▶12/11/26

どんな人でも料理上手になる方法とはあまり関係のないトウチ入りポテトグラタン

今朝は録画済の「ジェイミー・オリヴァーの30MM～ぼくのクッキング・スタイル」を見ていたら、ポテトグラタンをやっていて早速作りたくなりました。生クリームもアンチョビもなかったので牛乳とトウチとベーコンで作りました。さて、料理上手になる方法ですが名コーチにつくことだと思います。弱小チームだった高校の運動部がよいコーチが来たとたん、県大会上位常連校になったりしますよね。その点、料理はテレビの料理番組という強い味方があります。

▶12/11/30

ほうれん草とじゃがいもと玉ねぎのカレー

食べログでインド料理店の口コミを投稿したのをきっかけに、インドづいています。インド料理はなんだか中毒性があるようで、1日食べると次の日も食べたくなり立て続けに食べています。そのため体の2割くらいがインド人化してきたような気がします。そのせいか、朝からカレーを作ってしまった。子ども達にパンにのせて食べてねと供したら、もうちょっとのせようなどと言いながら、バクバク食べてくれた。野菜のカレーって、ちょっとした朝食に最適じゃないかと思う。

▶12/12/11

玉ねぎとほうれん草、小松菜、トマトとじゃがいもで即席カレー

我が家は引っ越しを目前に控えており、冷蔵庫の中も結構ガラガラです。ほうれん草が少しと小松菜一わ、玉ねぎ、トマト、じゃがいも1個で何を作ればいいのでしょう……。いろいろ考えながら、全人間力で作ったらやっぱりカレーになってしまいました。カレー粉、コリアンダー、カルダモン、しょうが、こしょうなど、スパイスの香りが豊かでいいですねぇ。子どもは食パンにのせて食べておりました。朝からインド、今日もインド、今度もインド!!!

▶13/01/20

大根の葉とくるみのトッピングでサラダジュリエンヌ

今日はサラダジュリエンヌ。というのもレタスとキャベツが中途半端にあまっていて使い切るためにはどちらもせん切りにすると食感の違いも気にならなくなり、都合よかったからです。さらに大根の葉と細かく切ったくるみを油で炒めてターメリック、塩、こしょうで炒めたものをトッピングしました。サラダはレタス、キャベツ、玉ねぎです。ドレッシングはサラダ油、白ワインビネガー、バルサミコ酢(黒、白)、塩、こしょうで作りました。

▶13/02/15

サラダジュリエンヌの日々

最近はせん切り野菜でサラダジュリエンヌを楽しんでおります。毎日起きたらまな板に向かい、せん切り、せん切り……。今日は玉ねぎ、にんじん、キャベツ、ゆでたブロッコリー、大根、ハムでした。大根とにんじんは塩を振り、しんなりさせてからキャベツのせん切りを加えました。これらをサラダ油、塩、ワインビネガー、黒こしょうでドレッシングです。あごがつかれるとの感想でした。

11 嫁ちゃんさん

Yomechan

平日朝起きる時間	平日の朝食を用意する所要時間
6時	20分
休日朝起きる時間	休日の朝食を用意する所要時間
6時	20分

毎日が笑顔でスタートできるように♪

朝ごはんは1日を過ごすための大事なエネルギー源。毎日笑顔でスタートできるように、栄養バランスや彩りなどを考えて作っています。前日に少し下ごしらえをしたりして、当日は時間をかけないのが私流。作り置きや残り物をただ並べるだけの献立や、パン屋さんで買ったパンでもお皿に盛りつければ一気に雰囲気は変わります。結婚当初は主人だけに作っていた朝食、今ではもうすぐ2歳の息子もおいしそうに食べてくれるようになりました。

➡「嫁ちゃんの食卓と日常」
http://ameblo.jp/dotabatayome/

▶11/04/07 | お日様目玉焼きで朝からウキウキ！パンで朝ごはん！

昨日の夜も今日の朝もお腹のベビちゃんはとっても元気に活動しています。蹴る場所がたまにわき腹に当たってくすぐったい！　今日はもろ私好みの朝ごはんです。シャキシャキサラダたっぷり、お日様のような目玉焼き。私は黄身がとろ～んとしてるのが大好きだけど、旦那は固めが好きなので、結構火はしっかり通しています。カリカリベーコンも外せないよね。これにポカポカほくほくのじゃがいものスープ。もう言うことないでしょう！

▶11/04/16　ミスドといえば……オールドファッション！ 軽く朝食！

土曜の今日は、午前中に急いで買い出しなので、行く前に軽く朝食！　昨日ミスタードーナツで久しぶりにドーナツを買ってみました。私が一番好きなのは、オールドファッション。素朴なのが大好き！　そして、昨日初めて食べたけど、これにグレーズがかかってるのがあるんだね〜。それが今は一番好きかも。でもいけないいけない。甘いの控えないといけないんだった……。ちぎりオニオンパンも一緒に。

▶11/05/17　ごまたっぷりレーズンパンと 相性抜群のバターでトースト朝ごはん！

昨日の夜はベビちゃんのしゃっくりで目がふと覚めました。こんなことって普通なの？　さてさて、今日の朝ごはんです！「ベッカライ徳多朗」のごまたっぷりのレーズンパン。レーズンパンは、熱々にして、そこにバターをた〜〜〜っぷり塗って食べるのが大好き！　あとは、いつものサラダに、スープに、ヨーグルト。さ……今日は早めに帰ってこれるように。マッハで仕事仕事！

▶11/07/05

ただ並べるだけだから作れちゃう、いつもの簡単朝ごはん！

6月29日に男の子・カイを出産しました！
さて、いつもの旦那朝ごはん。実は、おみそ汁以外は何も作っていないんです。ブロッコリーは冷凍してあったもの。かぼちゃの煮物も大量に作って冷凍作り置きしていたもの。そしてのりともずくはパックから出しただけ。でも言われなければ、旦那は決して気づかない(笑)。私もおいしいおっぱいを出すために、朝からちゃんと食べないと！

▶11/07/22

とろけるチーズがたまらない！ハムチーズグリルな朝ごはん！

晴天！　今日は洗濯物デー。昨日の夜は結局2時間近くもぐずり続けて、寝かすのが大変でした。私の睡眠は最近3時間ぽっきりです。今日は、ハムとスライスチーズを食パンに挟んでグリルチーズサンドにしました。中身はチーズだけでも、トマトのスライスを挟んでみたりしてもおいしい。簡単にできるし。やっぱり熱々のとろけ出すチーズはたまら～ん。私も今朝はこれ……食べよ～っと。

▶ 11/08/04

内側からきれいになろう！ お豆好きを目指して！……な朝ごはん！

子どもの成長って本当に早い!! ちょっとずつ毎日成長していってるんだなぁ～と実感しています。
生協さんの配達が今週からスタートしました。お魚類やスーパーには売っていないお野菜たち。ちょっとしたでき合いものを買おうと思って利用を始めました。で、その中のひとつがこの「10品入りお豆の盛り合わせ」。大豆っておいしいね！ 今まで豆自体は好きじゃなかったけど味覚が変わったのか？ 最近とてもおいしく感じるのよね。

▶ 11/08/23

好き嫌いがはっきり分かれる！ レバーペーストのっけパンで朝ごはん！

ここ最近、夜寝る前は、とにかくぎゃん泣き。でも昨日の夜は、あれ？ 泣かない！ 外出が刺激になったのかな？
さて、今日の旦那用朝ごはん。市販のレバーペーストのっけトースト。朝ごはんっていうより、赤ワインが飲みたくなっちゃう。以前はよくレバーペーストを作って、ワインのお供で食べてた。また作りたいところだけど、やっぱり作るなら授乳が終わってお酒が飲めるようになってからかなぁ～。あぁ、いつになることやら。

▶ 11/08/25

甘くてふわふわ！ ホットケーキな朝ごはん！

今朝は在庫最後のホットケーキミックスを使い切りたかったので、ふんわり焼きました～。私が無性にバターた～っぷりのが食べたくてね。熱々のうちにバターの固まりを置いて、溶けるところに浸すようにして食べるのが好き。お外でパンケーキを食べるときは、トッピングが甘い系としょっぱい系があるけど、私は断然しょっぱい系派。ほんわり甘いパンケーキとちょっとしょっぱいおかず系サイドがいいのよね～。

▶ 11/10/21

ホクホク熱々！ 朝からコロッケ定食を召し上がれ！

昨日は大ママの家で、ほとんど昼寝しなかったカイ、相当疲れてたらしく、結局9時間も起きなかった～～！
今朝はじゃがいもをたっくさんいただいたので、朝からコロッケ！ っていっても、揚げたのは昨日だけどね。旦那、すごい喜ぶかなぁ～と思ったけど……反応、薄っ！ 突っ込んだら、「うれしいよ！」って言ってたけど。あとはほうれん草。ゆずポン酢とおかかでね。おみそ汁は豆腐と大根の葉。朝からちょっとした定食みたい。

▶12/01/05 年明けはお泊り出張でスタート。早朝なのでおにぎり持参の朝ごはん！

今日から仕事の旦那の我が家です。年明けから5時起き。初日から出張で、移動時間に時間がかかるので朝早くの出勤となりました。早朝朝ごはんは……ど～ん。おにぎり3種。具は松前漬け、のりの佃煮、塩昆布です。新幹線で食べるそうです。そして、カイ6ヶ月にして人見知りが始まったかも！　ママじゃなきゃダメ！　パパでも嫌だ～！　という感じなんです。年末年始、いろいろな人に会って抱っこされて。何か、カイの中で変化があったのかなぁ。

▶12/01/10 〆を朝食に。トロトロ卵溶き雑炊で身体の芯から温まる朝食！

最近カイの起床時間が早くなってきました。この時間だと、最初はまず授乳で次の授乳時間に離乳食かな。昨日の夜はお鍋にしました。今朝はその残り汁で雑炊。以前は、お鍋を食べた直後に〆も食べてたけど。今となっては旦那も私もそこまで一気に食べなくなったので、残りは翌日楽しむことに。お鍋のだしに水を足してちょっと増やして白菜を足して。ごはんを入れてちょっとふつふつ。あとは溶き卵を入れてね。塩気はサイドで出した塩昆布で。

12/01/11

たくさんあるんだもん。せっせと食べないと。海草だらけの朝ごはん！

我が家には今、大量の味つけのりや、昆布の佃煮や、のりの佃煮やらがゴロゴロとたっぷりあります。しかも、結構賞味期限が近いのでせっせと開けて食べないと！　おいしいんだけど。そういうものをとりあえず今朝並べてみたら海草だらけになってしまいました。
今日はうまくいろいろと用事が済んだら、午後はもしかしたらプレイルームにカイを連れていけるかも。

12/02/01

浅漬けにするとたっぷり食べられる白菜で、納豆丼の和食な朝ごはん！

今日はちょっとしたリフォーム工事日なので、朝は結構バタバタ。恐らく埃とかが舞う工事になると思うので、カイは大ママのところへ避難させま～す。
今日は納豆と白菜の浅漬け丼。熱々ごはんにのりをまずぎっしり敷いて。その上に白菜の浅漬け。納豆。そして貝割れ大根をのっけて。あっさり丼です♪　また白菜だけど、だっていっぱいあるんだも～ん。ダメになる前に全部使い切れるかも！

12/02/14

チキンサラダのっけでロールサンドイッチな朝ごはん！

今日はバレンタインですね～。カイが大きくなって、チョコが食べられる年齢になったら、1個は確保できるように、私が作ってあげたいな。ある程度の年齢になったら母親からのチョコはもういらな～いって言われそうだけどね……。何歳くらいまで喜んでくれるのかな～。さて、今朝は生協さんの焼きたてロールパンにチキンサラダをのっけて。半オープンサンド風朝食。チキンサラダはカイの離乳食用に使ったささみのお残りです。

13/01/02

新年のスタートはお雑煮から♪嫁ちゃん家バージョン。

我が家のお雑煮。ごくごくシンプルなお雑煮だけど。旦那は私のお雑煮が最高に好き！　だと言ってくれます。あんまりそういうことは言わない人なので、相当好きなんだと思います。カイもお雑煮食べましたよ～♪　お餅の代わりにおにぎりを沈めて。来年はもっといろいろなものを一緒に食べられるようになってるんだろうなぁ～。カイも旦那みたいに「ママのお雑煮が一番好き！」って言ってくれる日は来るかしら～。

column

「東京モーニング日和」maldororさんセレクト

東京のベーカリーモーニングベストテン！

ブログ『東京モーニング日和』運営。2008年より東京都内の喫茶店、カフェ、ベーカリーなどの朝食メニューを食べ歩き、訪問したお店はのべ800軒。朝だからこそ過ごせる自分だけの時間を求めて、日々の朝を楽しんでいます。『モーニング』は流行ではなく文化であってほしいと願いつつ。素敵なモーニングで始まる1日を求めて、日々探索中。

「東京モーニング日和」
http://ameblo.jp/tokyo-morning-biyori/

maldororさんの選ぶ 第1位

渋谷「VIRON」

東京のベーカリーモーニングと言えば、パン好きにはもう有名な「VIRONの朝食」。本場の味「バゲットレトロドール」と雑穀系の「セレアル」のほかに、クロワッサンなどリッチ系のパンの中から好きなものを2種セレクトします。私はいつも、かご一杯に盛られたパンの中から2点を選ぶのにひたすら悩みます。でも最高に幸せな悩みです。ジャム6種とはちみつとチョコスプレッドがついてくるのも魅力的。コーヒーはおかわりもいただけます。何度でも通いたくなる、素敵な朝食です。

東京都渋谷区宇田川町33-8　塚田ビル
tel. 03-5458-1776
プチデジュネ（朝食）9：00〜10：30くらいまで
年中無休

ヴィロンの朝食1,260円。パンは食べきれなければ、お持ち帰り用に包んでいただけます。

maldororさんの選ぶ
ベーカリーモーニング
第4位〜第10位

第4位
九段下
「Factory」
天然酵母のパン、卵、グラノーラ、フルーツなど充実の朝メニュー。

第5位
表参道
「パンとエスプレッソと」
感動的においしいトーストをぜひ。厚めでふんわりさっくり。

第6位
丸の内
「ポワンエリーニュ」
11時〜12時限定のブランチセット。パン好きならぜひ。

maldoror さんの選ぶ 第2位

吉祥寺「Bakery & Restaurant MUSUI」

モーニングセットの種類が豊富なお店です。焼きたてパンとドリンクに、スープかジャムを選ぶ380円のセット、バゲットやベーグル、スコーンなどパンの種類が選べる500円のセット。5月からは、ヨーグルトやシリアル、ミルク粥、卵料理なども選べる700円から1,000円のセットも始まりました。その日のおなかのすき具合に合わせて、チョイスできます。パンは何もつけなくても粉の味を楽しめるおいしさ。吉祥寺散策の前にぜひ。

東京都武蔵野市御殿山1-5-7 コア吉祥寺1F
tel. 0422-26-7020
モーニング 7：00～11：00
定休日：火曜日

いつ見ても素敵な木のボードにのったモーニングセット。思った以上にボリュームたっぷりです。

maldoror さんの選ぶ 第3位

渋谷「ゴントラン シェリエ 東京 GONTRAN CHERRIER TOKYO」

パリ若手No.1ブーランジェによるお店。朝は好きなパンとドリンクをセットで注文すると30円引きになります。私が食べたのは、クロワッサン系とハード系。まずカンパーニュは割いてみると、極上のもっちり感！　そしてパン・オ・ショコラは、厚みのある一層一層が外はパリパリ、中はもっちり。そこにほろ苦く甘いチョコレートがとろりと絡み、もう夢中。初めて出会うパン・オ・ショコラ！　焼きたての温かいうちに食べたい。

東京都渋谷区渋谷1-14-11
BC SALON SHIBUYA 1-2F
tel. 03-6418-9581
MORNING SET 7：30～10：30　不定休

パン・オ・ショコラ230円、クロワッサン180円など。

※おことわり　2013年4月現在の情報です。詳細はお問い合わせの上、お出かけください。

第7位
幡ヶ谷
「カタネカフェ」
もっちりしっとりとしたブリオッシュが一押し。メニューも豊富。

第8位
江古田
「まちのパーラー」
しっとり滑らか食感の食パン。トーストセットやキッシュセットも。

第9位
下北沢
「mixture大英堂」
トースト盛り合せではいろんなパンが食べられる。

第10位
荻窪
「ル・クール・ピュー」
数多くの受賞歴があるシェフのお店。パンはもちろんサラダもおいしい。

12 らん*さん

ran*

平日朝起きる時間	平日の朝食を用意する所要時間
5時半	1時間 （この間にパパ弁も作りながらバタバタ）
休日朝起きる時間	休日の朝食を用意する所要時間
6時半か7時頃	30分～40分

作り置きも混ぜ込んで（笑）楽しく朝ごはん。

毎日、家族のために不器用ながらもお料理してます。朝ごはんもお弁当も朝からすべてイチから作るのはとても苦手。1、2品作り置きを混ぜ込みながらの朝ごはんを得意とします（笑）。お気に入りの器に助けてもらいながら、これなら、私にも作れるなーっと思ってもらえるような朝ごはんが目標です♪　朝ごはんは1日の始まりごはん。これからも家族のために（もう少しレパートリーを増やしつつ）楽しみながら朝ごはん作りを頑張っていきたいと思います♪

「ranmama-kitchen**」
http://ranmagohan.exblog.jp/

▶12/06/14

ラタトゥイユでチーズトースト

ラタトゥイユを作った次の日は、トーストにのせて食べるのが大好きです♪　そして、アンパンマンと食パンマンのポテト。末っ子が「コレ、○○ちゃんのお弁当に入ってるから私のお弁当にも入れてなぁ～」って冷食コーナーで勝手に入れてきたんですけど。末っ子ったら、ちょっとかじっては、「おいしい～!」「かわいい～!」の連発。私は予想してた味と違って（うん?　甘い?）って思ったけど。やっぱり、見た目って大事なんだわーって感じた朝でした。

▶12/06/27　じゃがいもケーク・サレで朝ごはん♪

昨日のじゃがいもケーク・サレで朝ごはん。ケーク・サレで朝ごはんだなんてー、柄にもなくなんだかおしゃれ～(笑)。前日の夕ごはんのラタトゥイユも一緒に♪
キンキンに冷えた次の日のラタトゥイユが結構楽しみだったり。
近頃、雨ばっかりの大分です……。買い物も面倒だから、とにかくまとめ買いです。今日、豆腐3つも買いましたがそれだけで、重いし！　主婦のみなさん……お買い物も意外と重労働ですよね？　ともに頑張りましょう(笑)。

▶12/06/29　昨日の朝ごはん

「松山揚げ」の油揚げがおいしいーってよく見かけるんで買ってみたんですけど、今まで食べてた油揚げってなんだったのよー。こんなのあるんだったら早く教えてよー！　って思えたので、あえてシンプルなおみそ汁にズームインな朝ごはんです(笑)。うちのパパさん、かなり暑がりなんですけど毎朝必ずアッツアツのおみそ汁を飲んでいくんですよねー。それで、額に汗びっしょり(笑)。扇風機に当たりながらの朝ごはんです。

▶12/07/14 フレンチトーストで朝ごパン

焼きたての塩こうじ食パンで、フレンチトーストの朝。たっぷりと漬け込んでいたので、しっかり味がなじんでいておいしかった。粉砂糖もかけて、軽くお化粧済みなんですけど、あんまり見えませんね？ 甘党の小4の息子が、もっとかけていい？ って、自分のフレンチトーストに厚化粧。まるでちらし寿司の桜でんぶ並みにガッツリかけてました（笑）。粉砂糖に夢中な息子は、まだまだお子ちゃま真っ盛りです。

▶12/08/12 朝ごパンと初グリーンスムージー♪

今話題のグリーンスムージーを3日前から始めました。これは、私の初グリーンスムージー♪ レタス・バナナ・パイナップル入り～。子ども達、パイナップルジュース？ ってウキウキしてるところにレタスを入れたもんだから、ちょっとちょっと、お母さん何やってんの？ みたいな顔で見られたんですけど……できあがりは、あっぱれ!! パイナップルとバナナの味で常夏な味になりました。

▶12/12/07

蒸しベーグルで朝ごはん♪

今週は何だか学校行事や幼稚園行事で忙しい1週間でした。今日は久しぶりにゆっくり朝ごはん♪　買ってきたベーグルとこれまた買ってきた明太子バゲットがおいしー。ベーグルはちょっと蒸していっただきま〜す♪　こうするとちょっとパサついたベーグルも、しっとりモチモチなのです！
明日は土曜日。せっかくお休みなのに、明日も明後日も予定ありで早起きなの〜。目覚ましナシで起きたいよ〜。

▶12/12/12

変顔パン

朝っぱらからふざけてますよね（笑）。なぜ、鼻の穴を2つくっつけてしまったんでしょう。鼻の穴を取ってしまおうと思ったんですけど、卵が割れてしまいそうで（笑）。ブタでもなければかわいくもない変顔……なんでしょう？　コレ？　雪に覆われたブタゴリラにしときます。そうそう肝心の味は、焼きたて塩こうじ食パンで最高のサックリモチモチパンでした♪　ちなみに、変顔のブタゴリラの口は、ピーマンです。

▶12/12/19

たまには和風の朝ごはん

日替わりでパン→ごはん→パンと、ちゃんと、ごはんも食べてます。今日は、冷蔵庫の中に入ってた前の日の残りものをズラリと並べてみましたが、えーっと……質素です（笑）。五目煮とパパさんのお弁当用にとっておいたなすの豚肉巻き。続いて、ピーマン入り卵焼き（パパさんのお弁当おかず）。卵焼きは柄にもなく、ハート♪　私のことを知っている人にはわかると思うんですけど、私にハート……全く似合いません（笑）。

▶12/12/24

ミニパンケーキで朝ごはん♪

今朝の朝ごはんは、クリスマスイブの今夜のために少し控えめに（笑）。全然見えませんが、ミニパンケーキにはレーズン入り♪
サンタさん来るかな？　子ども達には来るだろうから、この質問はもちろん私に来る？ってことね（笑）。

13/01/06 コストコベーグルで朝ごパン

たぶん今年初の朝ごパン。あ〜おいしい〜！　おいしすぎる！　ずっとごはんやお餅ばっかり食べてたからパンが食べたくて食べたくて（笑）。友達がコストコに行ったからって、たくさんベーグルを持ってきてくれました♪　初めてのコストコベーグルだったけど、モッチモチでおいしくてびっくり。行ってみたいな……コストコ。私にはサンタさん来なかったから（←まだ根に持ってる・笑）、パパさんに連れて行ってーって頼んでみるか!?

13/01/09 ミニおにぎりで朝ごはん

新年明けてからずっと買い物に行かずに頑張ってきたんですけど、ついに探しても探してもおかずらしきものが作れなくなってきました（笑）。今日の朝ごはん、とても質素です。パパさんのお弁当に入れるはずだった鮭があまりにも大きかったので少し拝借した鮭でおにぎりと……お正月にお義母さんからいただいて帰った明太子のおにぎり。先日作ったしょうがの佃煮入りおにぎり。あと、白菜のおみそ汁。以上（笑）。お昼ごはん、何食べよっかなぁ〜（笑）。

▶13/01/11

残り物で朝ごはん

残り物満載朝ごはん。残り物満載なのはいつものことなんですけど、この日は3品も残り物なんですよね。朝は温めて器に盛っただけなんだけど、いつものごとくバタバタ(笑)。大学芋、れんこんのきんぴら・ほうれん草の塩こうじナムル。パパさんのお弁当にも入れたので、パパさんはこの日2度も同じおかず食べたんですよね～←他人事？(笑)。

▶13/01/16

さつまいも蒸しパンで朝ごはん

さつまいも蒸しパンで朝ごはんです。おやつみたいですけど、子ども達喜んで食べてました。急に思い立って作ったんで、昨日のおやつに間に合わず朝ごはんになったなんて……ここだけの秘密ね(笑)。3つしか残らなかったから3つで我慢な朝。なんかもの足んな～い。子ども達私に似て大食いなんだよね……イヤなところ似ちゃったわ(笑)。後は、ポリポリ止まらないフルーツグラノーラとキウイでした。

▶13/01/27

納豆ごはん

納豆ごはん。納豆とのりの組み合わせが好きなんで、もみのりの上に納豆をのっけてみました。やっぱり納豆とのりって合う♪　ごはんには黒米入り。知らず知らずのうちに栄養とれてるって感じ、好きです(笑)。

▶13/01/29

シナモントースト

今日は、シナモントーストで朝ごはん。カリッと焼いたトーストにバターをたっぷり塗って、シナモンシュガー。シナモンシュガーだけでもおいしいけど、それだけだと食べてる最中、鼻息でシナモン飛び散っちゃったことあるから、それからはバターつけるようにしてます(笑)。子ども達、キウイ甘いよーって言いながら食べてたけど、私のキウイはレモンみたいに酸っぱくて、耳の下がキーンとなりました。その後、慌ててコーヒー飲んだらコーヒーが苦くって。何だか口の中が忙しい朝でした(笑)。

13 西岡知子さん

Tomoko Nishioka

平日朝起きる時間	平日の朝食を用意する所要時間
7時45分前後	15分
休日朝起きる時間	休日の朝食を用意する所要時間
9時～10時	平日より少し長め。

朝食は私が一番好きな食事の時間。

奈良県生まれ。主婦。趣味は読書、映画、古物蒐集など。ブログ『マドモアゼルジジの感光生活』を3年4ヶ月続ける（現在は閉鎖）。著書に『洋書のようなシンプルクッキーとケーキの本』（主婦と生活社）がある。

▶10/05/08

朝のオレンジジュース

おはよう、の一杯。100％のオレンジジュース。
だって、清見オレンジとニューサマーオレンジとセミノールをミキサーにかけたんだもの。きっといい日になるはず。

▶10/05/10

スーザンの半熟卵

連休明け。京都のホテルオークラで買ってきたパネトーネと、はちみつヨーグルト、卵、ミルクティ、パイナップルジュースの朝ごはんにする。半熟卵は偶然とろりと好きな状態に。ほんと偶然。
『ツバメ号とアマゾン号』のスーザンたちは、ゆで卵のゆで時間にとてもこだわっています。何分何十秒まで。やっぱり半熟卵には、タイマーが必要のようですね。

▶ 10/06/02 | wednesday's breakfast table

今朝は早起き。マーマレードジャムとバターのトースト1枚。ミルクティを軽く。朝食が終わった頃には、ぼんやりしていた頭も目覚めてきます。
窓の外は晴天。風が木々の緑をゆっくり動かしています。

▶ 10/07/01 | パンケーキとバナナとミルクティと

朝ごはんはいつもとても軽いのです。あまりたくさんいただけません。品数も必要ありません。目を覚ましてくれるものが、ほんの少しあればいいのです。だけど、一番好きな食事の時間です。
先日焼いて冷凍しておいたバターミルクパンケーキをアルミに包み、トースターであたためて。

▶10/08/03 夏の朝粥

加賀屋キングサーモンの粕漬けをフレークにしたもの。ちりめんじゃこと大根おろし。奈良漬け。五目豆の煮物。梅干しと江戸一ののりの佃煮。
お粥は、鍋に昨夜の残りのごはんを入れ、ひたひたよりずいぶんたくさんのお水を入れます。中火の弱火で、好みの固さにゆっくり煮ます。固くなってしまえばお湯を足せばいいし、お茶（緑茶でもほうじ茶でも）をお茶碗に盛ってからかければさらさらといただけます。

▶10/09/24 作らない朝ごはん

昨日買っておいたロブションのパン・オ・ショコラとマロンパイ。熱いケニア紅茶。何もしない朝。秋の朝。

▶ 11/03/10

春休みブランチ

温めて、焼いて、切って、並べる。新人のマグカップも加わって。遅いおはよう。
ミックスビーンズのスープ。近くの石釜焼きのパン。ジャンボンドパリ、スモークチーズ、グリーンオリーブの一皿。マンゴーとパイナップルの一週間しか持たないジャム。セイロンティーorチコリのコーヒー。オレンジといちごなど。

▶ 11/06/22

クロワッサンの朝食

今日一日中、座ったり、あちこち動いたりして過ごす。
暑くなりそうな予感。
クロワッサンと、すももと、ミントティーで迎えた朝。

▶ 11/07/10

日曜のブランチ

「福島、縮む」のヘッドラインが踊る朝。
あまりお腹がすいていないので、薄く切ったケーキ2種とにんじんのサラダ、バナナ、トマト、生ハム、すもものピクルス、コーンスープ。朝昼兼用。

▶ 11/07/15

プンパーニッケルの朝食

ドイツの伝統的な酸っぱい黒パン、プンパーニッケル。
有機栽培認定機関BCS認定。体にいいと信じて。もぐもぐ。

▶11/08/08 | カステラで朝食

胃が強くはなかった祖父の
朝ごはんはカステラでした。
そのせいでしょうか。
伯父、伯母、従兄姉たちも
みんなカステラ好きになっ
てしまいました。
夏の朝、食欲がないような
ときに、そのままでもおい
しいのですが、ときには、
こうしてこんがり焼いて、
さくさくいただきます。

▶12/01/09 | good morning 2012

お正月2日目の朝食からは
パンを。山形パンに切れ目
を入れ、バターを塗って焼
き、お気に入りのジャムと。
イングリッシュティーを濃
く入れる。

▶12/01/16

マーマレードとトーストと紅茶

「今日は昨日の続きではありませんよ」と与謝野晶子は言ったという。
昨日と同じ服を着るのをいやがったそうだ。
私は昨日と同じセーターを安易に着たりもする。
真新しい今日を始めることは案外難しい。

▶12/04/27

ミューズリーの朝食

ミューズリーにはレーズン、いちご、りんごの乾燥フルーツ、ココナッツ、オート麦フレーク、ライスパフなどが入っている。
栄養強化と整腸作用に期待して、というわけでもないけれど、気忙しい朝にはバナナもいっしょに。

▶12/05/02

朝食に甘夏マーマレード

ただ今、ローリング・ストーンズのミック・ジャガーと春疾走中。
GW後半、晴れるといいですね。

▶12/12/04

ベーグルの朝食

日曜日のデパートで見つけた自然酵母のベーグル。
クリームチーズと洋なしとロースハムを挟む。
ウィークディの朝の早業。

14 うひひさん

Uhihi

平日朝起きる時間	平日の朝食を用意する所要時間
5時50分	5~10分
休日朝起きる時間	**休日の朝食を用意する所要時間**
遊びに行くときは早朝のときもあるけれど、何もないときは8時くらいかな?	15~30分

目新しい器具や調味料で工夫♪毎日を楽しく。

フルタイムで働く主婦。夫婦ふたり暮らしです。ブログでは旅やおでかけ、それから日常の「感動!」や「うれしい!」や「おいしい!」をつづっています。毎日のごはんは幸せな生活の原動力です。元気な一日の始まりに、おいしい朝ごはんは重要ですよね! おいしくてハッピーで家族が健康でいつも笑顔で過ごせるような食卓を目指して、毎日のごはん作りも頑張っています。

「うひひなまいにち」
http://uhihinahi.exblog.jp/

▶10/03/11 | 春野菜で♪　かぼちゃのクリームスープ

新じゃがに、そらまめ、グリーンピースに玉ねぎ。これだけでもおなかいっぱいになる、具だくさんスープを作ってみたよ。ナツメグの香りがポイントよ。出始めの頃は高かったそらまめやグリーンピースもずいぶんと、安くなってきたよね～。これからも、どんどん出番が増えちゃいそう!お休みまであと一日……頑張るぞ――。

▶10/04/18

そらまめとエビのパスタサラダ

さっぱりパスタサラダ。フレンチドレッシングで和えただけ♪　食べ過ぎちゃった飲み会の翌朝に、さっぱりしたものが食べたいな～と思って作ったもの。オリーブオイルとグレープフルーツ果汁から作ったお酢でさわやかなドレッシングだから、すっきりするすると食べられたので、そんな日にぴったり！パスタだし朝これだけでいいでしょう～。と思っていたら、まさっちは、「えっ、サラダだけ？」と不満そうだったので、パンを出したのだった（笑）。

▶11/12/09

モッフル♪　モッフル♪

ついについにVitantonio（ビタントニオ）のワッフル＆ホットサンドベーカーが我が家にやってきた！　お餅でモッフルを作ってみたよ！　思った以上に簡単♪　お餅を入れると最初はふたが閉まらないんだけど、焼けてくると餅が柔らかくなってきてふたをぎゅっと押しつける……そこから3、4分焼いたらできあがり！　あんこときなこバージョンとのりチーズじょうゆで。おいしい～！　それに楽しい～～～♪

▶11/12/29

ローズマリー風味♪
芋バターワッフル

じゃがいものお焼きをワッフルメーカーで焼いてみたら……バターとローズマリーの香るちょっとおしゃれな芋餅になりました！　バターの香りがふんわり♪　朝ごはん、ワインのおつまみ（笑）やお子ちゃまのおやつにもいいかもね。生地の状態で、冷凍もできますよん。
今日のお昼まで働けば、仕事納めです！　お休みまでもうすぐ～。大掃除もなんとか終わらせたし、年賀状も書ききった。寝坊もできるしのんびりしよう～っと！

▶12/01/11

リメイク・朝ごはん

モッフルのアレンジ。前の晩にひとりの晩ごはんで食べたあんかけ焼きそば。具をたくさん作っておいて、翌朝あんかけモッフルにしました。こちらもなかなか好相性♪　ボリュームたっぷりな朝ごはんになりました。
毎朝6時少し前に起きると、まだ真っ暗。しかも寒い～。

12/01/28 ワッフルも作ってみた♪

ワッフルメーカーを買ったのに、モッフルとか、芋ッフルばかり焼いていた(笑)。これじゃあかん！ とワッフルも作ってみたよ。強力粉と薄力粉とバターと砂糖にイースト菌を加えて発酵させるもの。あられ糖も入れて、もっちりふんわりカリッのおいしいワッフルができました！ ワッフルもアメリカンタイプとか、いろいろな種類があるみたいだから今度は違うのにも挑戦しよう！ ナッツやクリームチーズ入りもいいかな？ 夢は広がります〜。

12/04/25 スモーク風味の鶏ハムサンド

GABANのスモーク風味のついた塩コショーで鶏ハムを作ってみましたよ。鶏ハムで一番のポイントは、何といっても塩加減。普通の塩で作るときは小さじ1くらいをすり込み、ゆでる前に塩抜きでお水に漬けたりするのだけれど、スモーク風味塩コショーだと、両面ふりかけて薄く全体にいきわたるくらいが塩抜き不要でちょうどいい塩加減でした。お肉の大きさにもよるし、好みもあるので、何度か作って自分にちょうどいい塩梅を見つけるのがいいかも♪

▶12/04/30

ガーリック&オニオン風味の
コーンスープ

朝ごはんは超簡単でなくちゃね！　北海道物産展でよく売ってるフリーズドライのとうもろこしフレークのスープにハウス香りソルト ガーリック&オニオンでアクセントを……。これ、もちろん休日の朝ごはんです。平日の朝ごはんはあまりに質素で（笑）、お見せできまっせん！
明日からはGW。バイクでビューンと出かけてきます♪　早起き、早起き……。

▶12/05/13

ビタミン補給☆
サクレでキウイスムージー

日差しがどんどん強くなる5月。気持ちいいけど、紫外線も強そうよね〜。で、ビタミンCを補給しようとサクレをたっぷり入れてキウイでスムージーを作ってみた。キウイって100グラムあたりのビタミンC含有量がフルーツで一番多いらしいよね。しかもポリフェノールも入っているんだって！今日もいいお天気だったので、バイクでビューンとお出かけしてきました！

▶12/06/10

じゃがいもとアスパラの
マスタードマヨサラダ

休日の朝ごはん！　大きめじゃがいもの粉ふきいもがほっくりしてておいしい〜！　minioneのミニクロワッサンと。これ、焼き立てがおいしいんだよね。
先日から続く咳。土曜に再び病院に行き、「1週間薬飲んだのに、治んないじゃないの〜〜！」（そんな言い方はしてないけど、そんな気持ちで）と言ったら、違う薬をくれました。それが効いたのかかなり楽になりました。毎年この時期、何かのアレルギーがあるのかしら!?

▶12/09/23

くるみとドリップヨーグルトのディップ
キャラメルシナモンの香り♪

ドリップヨーグルト……コーヒーフィルターにヨーグルトを入れて一晩置くと、まるでクリームチーズのような濃厚さ。これにはちみつと、ローストしたくるみを加えてパンにつけて食べるとおいしい！　キャラメルシナモンシュガーをぱぱっと振りかけて。
昨日の朝、旅から戻ってきました。マレーシアのリゾートに行ってきましたよ！　雨の日曜日。のんびり身体を休めて明日からに備えます（笑）。

15 PECOchanさん

PECOchan

平日朝起きる時間	平日の朝食を用意する所要時間
5時40分前後	40分程度
休日朝起きる時間	休日の朝食を用意する所要時間
7時半〜8時頃	休日はデートの日なので 自宅では作らず出先で ブランチを楽しみます。

夕食みたいなしっかり朝食で健康的に！

朝は8時過ぎに家を出て、夜は23時過ぎに帰宅する夫・POCOに合わせて朝ごはん中心の生活を楽しんでいます。夜ごはん代わりなので、食べたい物、作りたい物をなるべく多品目摂取できるような献立にし、旬の食材を使いながらバラエティー豊かな朝ごはん作りを心がけています。前夜に下準備をする等、工夫しながら限られた時間で作っています。日々の朝ごはんを楽しみにしてくれている夫のために。作っている私にとっても楽しい時間です。

「素敵にレシピPecoHappyLife」
http://ameblo.jp/pecochan-pocokun/

12/05/29

☆たけのこごはんや野菜たっぷりで体が喜びそうな28日の朝ごはん☆

Wコーンサラダ、キムチのっけ冷奴、お肉ちょこっとじゃが、卵焼き（納豆、おかか昆布）、3種ごはんの友・たけのこの器とともに、温泉水99とあごだしでたけのこごはん、みそ汁、バナナ＆プルーンヨーグルト
この日はPOCOが泊り出張。どうせ夜は適当にしか食べないだろうし（絶対コンビニでおつまみ程度！）、何となく体が喜びそうな献立にしてみました〜。

12/07/01

☆しっとりおからのキャベツロール＆豚の角煮で29日の朝ごはん☆

サラダ（サニーレタス、新玉ねぎ、にんじん、きゅうり）、まいたけ佃煮入りおからのキャベツロール、脂もうまい♪我が家のとろっとろ豚の角煮、ごはん、みそ汁（わかめ、大根の皮、キャベツの芯、手まり麸）、オレンジ＆プルーン入りヨーグルト
豚の角煮、今日はちょこっとだけ！　明日にはさらにおいしくなってるだろうからね〜。POCO、喜んでくれるかな？

▶12/09/01　☆今年初の生さんまは塩焼きで～＆塩こうじ作り28日の朝ごはん☆

納豆＋らっきょう、9品目サラダ（キャベツ、海藻、ブロッコリースーパースプラウト、コーン、おから、絹豆腐、きゅうり、ちくわ、ねり梅）、生さんまの塩焼き、塩こうじ漬けチキン＆野菜のグリル（鶏むね肉、新じゃが、ゴーヤ、ゆで卵、サニーレタス）、きゅうりのてっぽう漬、玄米
みそ汁（スパム、キャベツの芯、大根の葉、大根の皮）
バナナ＆プルーンのせヨーグルト
最近は白米に玄米を混ぜたもの、玄米のみ、十六穀ごはん、この3パターンが定着しつつある我が家です！

▶12/09/01　☆ジンジンジンギスカーン（この歌知ってる？）の29日の朝ごはん☆

納豆＋絹豆腐＋わさびジュレ、味つきもやしdeナムル（きゅうり、にんじん、えのき）、ジンギスカンを2種の味で・キャベツしめじ炒め、サニーレタス添え（帰省したときにもらってきたジンギスカン！）、刺身こんにゃく（ねり梅、ブロッコリースーパースプラウト添え）、玄米、卵とわかめのスープ、幸水なし＆プルーンのせヨーグルト
8月29日は焼肉の日！　ということで朝からガッツリお肉！　やっぱり道産子、ジンギスカン好きだなぁ。

▶12/09/02 ☆夏野菜とかぼすの大葉ジェノベーゼパスタ 30日の朝ごはん☆

ごま豆腐＋納豆＋わさびジュレ、5品目サラダ（サニーレタス、キャベツ、海藻、大根、にんじん）、黒豚荒びきウィンナー、蒸しいんげん、チーズオムレツ・トマトソース添え、夏野菜とさわやか～なかぼすの大葉ジェノベーゼパスタ、トマトコンソメスープ（スパム、大根の皮、コーン、麸）、バナナ＆プルーンのせヨーグルト
朝パスタ、我が家では初めて。やっぱりごはん（米）がいいと実感。パスタを作ると何かとバタバタしちゃう。

▶12/10/17 ☆柿・かぼちゃ・きのこ・さつまいも。秋の味覚満載 15日の朝ごはん☆

デザート気分♪　柿と彩り野菜の白だしカクテルサラダ、こうやとひじきかぼちゃのキャベツ重ね蒸し、小松菜た～っぷりオムレツ、納豆＋塩こうじ＋ブロッコリースーパースプラウト、秋味ごはん、スパムのお吸い物（スパム、にんじん、ねぎ、にら、かぶの皮、おろししょうが）、りんご・柿・ヨーグルト豆乳スムージー
さて！　今日はPOCOがお休み！　…ということで、これからパパっと準備してデートしてきま～す。

▶ 12/10/23 ☆長崎カレー＆ごぼう豚肉巻き 21日の朝ごはん／おかず部門王者♪☆

7品目サラダ（サニーレタス、キャベツ、海藻、きゅうり、スプラウト、コーン、かにかま）、Wジンジャー♪ごぼうの豚肉巻き・りんごタルタルで、POCO長崎出張土産・牛テールカレー＆海軍さんのビーフシチュー、麦とろ納豆＋塩こうじ、福神漬、玄米＋十六穀米
某レシピコンテストに応募していた私のレシピ「坊ちゃんかぼちゃの丸ごとデミグラタン」。なんとなんとおかず部門の王者に選んでいただきました！

▶ 12/11/24 ☆トマトの干物和え・ボロネーゼ風パスタ 19日の朝ごはん☆

12品目サラダ（10品目サラダミックス、わかめ、彩りコーン）、納豆＋塩こうじ、おいしさ新発見♪トマトと水菜の干物和え、コク旨♪野菜たっぷりボロネーゼ風パスタ、じゃが豚の豆乳にらスープ
この日は何だかまた作りすぎちゃったな……反省。

▶13/01/07

☆2013年料理始め！　ぶり大根・たけのこ・白子汁 6日の朝ごはん☆

2013年の料理スタートは6日（日）の朝ごはんから〜。納豆＋すりごま、4品目サラダ（キャベツ、水菜、ブロッコリースーパースプラウト、カシューナッツ）、ほうれん草とプチトマト卵のガーリックソテー、ぶり大根たけのこ、数の子しょうゆ漬け、玄米、たらの白子汁、ブルーベリーヨーグルト

新年最初の朝ごはん、味つけもちょうどよかったようで、POCO、かなり喜んで食べてくれました。今年はもっといろいろなお料理にチャレンジしたいな〜と思います。

▶13/01/08

☆無病息災を願って！フィリピンスタイル七草粥 7日の朝ごはん☆

フィリピンスタイル七草粥・すだち添え、栗駒漬、ちょっとだけアレンジのぶり大根たけのこ

毎年七草粥はいろいろアレンジして食べてますが、今年はフィリピン風。マニラ空港のラウンジで食べたお粥がすっごくおいしかったので、作ってみました。手羽先としょうがで、だしをとりました。味はおいしかったんだけど、フィリピンで食べたのはもっと旨味が濃かったんだよね〜。またいつかリベンジしたいなと思います！

▶ 13/01/13

☆切干大根の炒め煮をリメイク♪
13日の朝ごはん☆

納豆＋小ねぎ、11品目サラダ（サニーレタス、にんじん、セロリ、きゅうり、3色パプリカ、アイスプラント、モッツァレラチーズ、生ハム、アーモンド)、スパイシージャーマンポテト、スクランブルエッグ、ウインナープレート、こんがり豆腐の切り干し大根キムチーズ焼き、栗駒漬、うなぎの佃煮、玄米、昨日のコンソメスープをリメイクde豆乳エビワンタンスープ、ブルーベリー＆キウイヨーグルト

世間では3連休ですが我が家はいつもと変わらず〜。我が家の連休、次はいつだろうなぁ。

▶ 13/01/21

☆しらすとトマトのとろたまごはん
21日の朝ごはん☆

グリーン&ホワイトのスウィーティーカップレーゼ、熊本出張土産からしれんこんいか明太詰め、麦とろ納豆＋塩こうじ＋熊本出張土産梅の実ひじき、トマトのほうれん草卵しらすグラチネ、しらすとトマトのとろたまごはん・大葉梅マヨ風味、豆乳と塩こうじでほっこりジンジャーチャウダー、アップルマンゴー＆ブルーベリーヨーグルト

カフェ飯風（あくまでも風ですよ！）な献立。今日も簡単だけどおいしい栄養たっぷり〜なメニューでした。

column

「東京ホテル朝食日記」ひが光司さんセレクト

東京のホテル朝食お料理で選ぶトップテン！

東京のホテルの朝食バイキングを食べ歩き5年以上、訪れた高級ホテルの朝ごはん約150軒。IT系企業に勤務後、行政書士事務所を開業。「1人で朝早く起きるのは辛いが誰かと約束すれば起きられる。ホテルの朝食という楽しみが加わればさらに楽しめる」をモットーに、「朝ホテルでリッチに朝食をする会」をスタート。現在も朝食巡りを継続中。

「東京ホテル朝食日記」
http://ameblo.jp/hotelmo/

おいしいホテル朝食 第1位

グランド ハイアット 東京 オールデイ ダイニング「フレンチ キッチン」

おすすめは「エッグベネディクト」。通常はオプション料金になることが多いメニューですが、こちらでは通常メニューのひとつとして選択できるのです。また、私的には、フレッシュなオレンジジュースをぜひ味わっていただきたいです。また、パンの中では「ゆずメロンパン」が絶品です。甘さがほとんどなく、ゆずの香りがさわやか。上品な和菓子のようなその味わいはインパクト大です。開放的なテラス席もあり、気持ちのいい朝のひとときを過ごせます。

グランド ハイアット 東京 2階
東京都港区六本木6-10-3
tel. 03-4333-8781

ひがさんが選ぶおいしいホテル朝食 第4位〜第10位

第4位
パーク ハイアット 東京「ジランドール」
エッグベネディクト・スモークサーモン（別注）がおいしい。

第5位
シャングリ・ラ・ホテル東京「ピャチェーレ」
別注のソーセージがおいしい。薄味で絶品。

第6位
コンラッド東京「セリーズ by ゴードン・ラムゼイ」
パンの種類がとにかく豊富。和食も豊富。

おいしいホテル朝食 第2位

ホテルオークラ東京 西洋料理「テラスレストラン」

朝食の中で和食の充実度はトップクラスだと思います。ホテル朝食ではどうしても洋食重視の場所が多い気がしますが、こちらは和食好きも満足できる、飽きの来ない内容です。定番の焼き鮭など、ひとつひとつの料理が本当においしく、さすが老舗という印象です。もちろん洋食メニューも充実しており、オムレツはシェフオーダーなのは当たり前。「フルーツグラタン」という変わり種メニューがあるのも楽しいです。

ホテルオークラ東京　本館1階
東京都港区虎ノ門2-10-4
tel. 03-3505-6072

おいしいホテル朝食 第3位

帝国ホテル東京「インペリアルバイキング サール」

ビュッフェ台の真ん中でシェフがサービスする珍しい形式。おすすめは毎朝ホテルで焼き上げるクロワッサン。バターの香りが豊かで幸せな気持ちになれる一品です。季節ごとに変わる煮込み料理も楽しみです（私が食べたときはロールキャベツで、これが絶品でした）。景色を楽しむなら皇居のお堀側をおすすめします。また、特筆すべきはスタッフの方々のサービスの素晴らしさ！　朝の気持ちいいスタートを約束してくれます。

帝国ホテル東京　本館17階
東京都千代田区内幸町1-1-1
tel. 03-3539-8187

※おことわり　2013年4月現在の情報です。詳細はお問い合わせの上、お出かけください。

第7位
ザ・リッツ・カールトン東京
「タワーズグリル」
東京タワー、スカイツリーを眺めながら。

第8位
ロイヤルパーク汐留タワー
「ハーモニー」
別注のフレンチトーストがおすすめ。

第9位
小田急ホテルセンチュリーサザンタワー
「トライベックス」
コストパフォーマンスはトップクラス。

第10位
ホテルニューオータニ
「ガーデンラウンジ」
クッキーがおいしい。庭園の眺めは最高。

16 @Namiさん

@Nami

平日朝起きる時間	平日の朝食を用意する所要時間
5時30分～6時	30分～1時間半 朝の調理・盛つけは約30分（料理により前日仕込み時間が0分～1時間）
休日朝起きる時間	休日の朝食を用意する所要時間
7時～9時30分	約30分

タイ在住経験を生かした元気が出る朝食。

「元気の源は朝ごはんから！」がモットー。信州生まれ、東京にて夫婦ふたり暮らし。14年勤めた自動車メーカーを退職し、南国タイで夫と2年半の駐在生活を送る。東南アジアの食文化に刺激され、現地でタイ料理を学ぶ。2008年にジュニア野菜ソムリエを取得し、バンコクでは邦人向け「野菜と健康」をテーマにしたセミナーに参画。帰国後は日タイを食でつなぐNPOにてボランティア活動をしている。

「Green or Yellow」
http://phyto.cocolog-nifty.com/blog/

▶11/05/26 ｜ カフェ風りんごカレーと焼き野菜たち

りんごを丸ごと1個と玉ねぎ2個をせん切りして炒めたビーフカレー。すりおろしたじゃがいもでとろみをつけたので、野菜の甘みとビーフのとろとろ感が絶妙でした♪（自画自賛・笑）ホワイトアスパラガスと、なす、パプリカ、ピーマン、トマト、紫キャベツを焼きました。豆はカレーと相性バツグン！

▶11/06/14　マグロのたたき風漬けとエビ天茶碗蒸し

子どもの頃、あまった赤身でよく作ったマグロのたたき風。（周りを焼いて冷水につけてねぎじょうゆ漬けにしたもの）
夫にかぼちゃを食べさせるために、好物の茶わん蒸し（エビ天入り）してみましたよ。夫の好物、煮しいたけ入り〜♪

▶11/06/14　米粉でケチャップライスのドリア／野菜ニョッキのグラタン

最近は超簡単な米粉でホワイトソースを作っちゃいます。左半分がケチャップライスのドリア、右半分が野菜ニョッキ（輸入モノ）のグラタンです。緑黄色野菜をたっぷり食べたかったのでした。夫にはドリアをメインにしてあげました。米粉グラタンはオススメですヨ〜☆
あ、念のため。これ全部朝ごはんですよ（笑）。暑いと痩せるはずなのに……夫婦ともどもモリモリ食べて肥えていきます。

▶11/07/03

我が家の冷やし麺
〜肉みそそぼろ麺

6月後半から急激に暑くなりましたね。暑い時は冷やし麺がうれしい(朝ごはんは温かいモノを食べたほうが代謝が上がるんですが……)。岩手のじゃじゃ麺の具をマネしてみました♪　八丁みそとちょっと甘味があるそぼろあんです。

▶11/07/03

我が家の冷やし麺
〜冷やし中華

シンプルな冷やし中華です♪　ちくわにラディッシュの葉のおひたしと明太子をつめてみました。
東村山で買った"わらび"は、実家の母がよく作ってくれた、高野豆腐の煮物にしましたよ。なつかしぃ〜。

▶11/07/03　我が家の冷やし麺～牛タン冷麺

牛肉がなかったので、仙台牛タンを煮込んだスープで、韓国風のさっぱり牛タン冷麺にしました。自家製のキムチ（大根・にんじん）がいいアクセントです！　あとは黒豆もやしとにんじん、ほうれん草のナムルと、牛タンと玉ねぎの炒め物で朝ごはんです。朝から冷やし麺を作るのはけっこう大変!! スープは前日早めに作り、冷蔵庫で冷やしておけますが、麺は暑い中ゆでて冷水でしめるので、手間がかかります。

▶11/07/27　沖縄風タコライス（自家製サルサソース）とアオサ汁

夏場はスパイスとハーブたっぷりの、国際色豊か!?　な朝ごはんが多くなります。やっぱり暑い日はピリッとした刺激が欲しくなるので。さて、午後からタイ料理イベント「ヤムヤム@長野」の手伝いに行きます！　いろいろと準備をしてきましたが、どうなるか!?　ワクワクドキドキ。故郷の信州ということもあり、気持ちが入ってますが、力みすぎず、楽しんできたいと思います。「信州高原野菜」について少しお話しますが、皆さん聞いてくれるかな……。

▶11/09/21　タイスキのバミーつけ麺となんちゃってソムタム（青パパイヤ和え）

最近アジア系のごはんが増えてます。タイ料理パーティをしたときに、バンコクからわざわざ買ってきていただいた「バミー（中華麺）」。夫の好物なのに日本にはないので（ラーメンで代用される）、サプライズで用意したら、むふふと食べてましたよ。汁たっぷりのタイスキにバミーをつけて、バンコクの人気タイスキ店「MK」風に♪　ソムタムが苦手な夫用には、梅肉とレモン風味でさわやか！

▶11/09/21　バミー・キヨウ（ワンタン中華麺）と簡単ヤム・ウンセン（春雨和え）

キヨウ（ワンタン）がなく水餃子、エビ・イカがなくホタテのヤムウンセン（春雨サラダ）。

▶11/09/21 カノムチーン・ナムヤー風（そうめんつけ麺）と クン・パッ・ポンカリー（エビのカレー粉炒め）

夫はココナッツが苦手なので、めんつゆを用意したら……結局ゲーン（カレースープ）は食べてくれなかった。カレー粉炒めはレッドオニオンを使ったので色が変。涼しくなってきたので、塩分・油分ひかえないと！

▶11/10/18 十勝芽室コーン炒飯風、コーンラーメン風スープ、カレーポテサラ

スイートコーンの生産量1位・北海道十勝の芽室でおなじみ、「コーン炒飯」をマネてみました。味つけにコーンバターならぬ、コーンスープの素を隠し味に☆

▶11/10/18

はまぐり塩ラーメン、温野菜、ラワンぶきの煮浸し

千葉で買ったはまぐりの酒蒸しをラーメンにしました。温野菜はパプリカ、にら、もやしに、ドレッシング（すり玉ねぎ、みそ、焼肉のタレ）をかけたもの。北海道足寄（あしょろ）の特大フキ「ラワンぶき」水煮が手に入ったので、揚げとコンニャクと煮浸しに。シャキシャキ感がたまりません♪

▶11/10/18

なんちゃって長崎ちゃんぽん、安納芋のごま和え

エビ、イカ、ホタテ、ちくわと鶏ガラだしに、豆乳でとんこつ風にしたちゃんぽん麺。とんこつが苦手な私もOK！「安納芋」は黄色く甘さがぎゅっと詰まったおいしいお芋です♪

▶11/10/18

シンガポールのバクテー、ラクサソース炒め

我が家の定番「バクテー（肉骨茶）」！ 今回はシンガポール風。中国風揚げパンがないので油麩を入れたら、なかなかでした。たっぷり1.5リットル作り、晩ごはんには雑炊にしてみました。「ラクサ（ココナッツのカレー麺）」の素をエビ、玉ねぎ、パプリカ、ブロッコリーなどと炒めたオリジナル料理と合わせてみました♪

▶11/12/03

サーモンの米粉焼き、里芋と豆乳のポタージュ

前日に友達からレシピを聞かれたので食べたくなった里芋のポタージュはアクセントにフライドオニオンが入ってます。ヤムヤムのレシピで提供した、イカ塩辛のじゃがバター炒めを少し。

▶11/12/03　飛騨の朴葉みそきのこ焼き、山形の芋煮、自家製野沢菜漬け

飛騨で買った朴葉みそにしいたけとしめじ、ねぎ、かぶ葉をのせました。ちょっといい肉を入れた（ココポイント！）芋煮、サイコー！　野沢菜の代わりに間引き大根葉を使った漬物。

▶12/12/01　粉豆腐と豚ミンチのつくねバーグと炊き込みごはん

我が家の定番！「粉豆腐（高野豆腐の粉）」とお肉を1：1の割合で、しいたけの足の部分と長ねぎを、卵のつなぎで丸めました。粉豆腐は南信州ではよく食べられるもので、子どもの頃母が炒り卵にしてくれたのを思い出します♪　栄養価も高く、手軽なので便利ですよ。我が家にはストックがい～っぱい。

▶12/12/01

さばの照り焼きと長ひじきと高野豆腐の煮物

タイ人が大好きなさば照り焼きを思い出して、真さばをしょうゆ汁に一晩漬けて焼きました。タイの照り焼きは、専用の焼き鳥みたいな甘いタレをたっぷりつけてフライパンで焼くんですよ（笑）。なめこ汁に、粉々になった乾燥わかめを入れたのは失敗。長ひじき、れんこん、高野豆腐、薩摩揚げ、にんじんをたっぷり、しょうがと昆布で煮た煮物は、食感が楽しく箸が進みますね〜。

▶12/12/03

チャプチェとカムジャタン風スープ

昨夜、夫が「明日はちょっと早めに出る」というので、夜のうちに朝食の下準備をしておいたのですが、目覚ましが4：30に鳴りました。1時間も早いなんて聞いてな〜い。夫は出かけるまでに最低3時間もかかるので、出発まで時間をもてあましてます。さすがに6時に掃除機かけると近所迷惑よね〜。今朝5時の朝ごはん。韓国春雨は食感がもっちり！じゃがいもとスペアリブのピリ辛スープでぽかぽかです♪それにしても、夫婦そろって胃袋が丈夫ですね。

▶12/12/03

もやし塩ラーメンとトマト麻婆豆腐

秋になるとラーメン復活！晩ごはんも含めると週3回はラーメンなんですよね（笑）。トマト入りの麻婆豆腐は我が家の定番です。

12/12/03 ガパオごはんと空芯菜の炒め物、ソムタム・タイ（青パパイア和え）

タイ料理の定番、カオ・パッ・ガパオ・ガイ（鶏肉のバジル炒めのせごはん）と空芯菜の炒め物をぶっかけ風にしました。実は今回はすべて東京産の野菜たち。近所で空芯菜、青パパイヤが採れるなんて素晴らしい!!　さすがにガパオはなかったので、東京産のスイートバジルです。朝からタイ料理だと元気が出ます♪

12/12/03

クン・オップ・ウンセンとソム・キャロッ

夫の好きなクン・オップ・ウンセン（エビと春雨の香草焼き）とソム・キャロッ（にんじん和え）こちらもタイ料理の定番メニュー。夫の好きな、春雨の香草焼きはエビを先に油で焼いておくと油にエビの香りが移っておいしいですよ～。料理教室であまった手羽先を入れた、タイ風の澄ましスープと、にんじんのサラダにしました。

12/12/31

かきの土手鍋風みそ鍋、ヤーコンと大豆の煮物

2種類のみそをブレンドして、ちょっと甘めなみそ鍋です。今年はかき鍋を週1ペースで食べてます♪　最近はミニ土鍋でほっこり温かい朝ごはん♪　容量が少ないので時短になりますし、洗い物が楽ちん。木造戸建の我が家。朝6時だと部屋も食器もキンキンに冷えていますが、土鍋だと最後までほかほかでいただけちゃうのです。

17 「おいしいアメリカ」 NORIKOさん YUKOさん

Noriko & Yuko

アメリカの家庭の味を発信中。

アメリカカリフォルニア州在住の日本人主婦、NORIKO & YUKOによるアメリカ料理のブログ。長年のアメリカ生活で培った家庭料理のレシピや、レストラン情報、食や調理に関連する商品紹介などを、ブログやソーシャルメディアを通して日本語で紹介。2012年より、日本料理を英語で紹介するビデオレシピサイト「Japanese Cooking 101」もスタートし、日米のおいしいものを全世界に向けて発信している。

➡「おいしいアメリカ」
http://www.oishiiamerica.com/

Noriko

平日朝起きる時間	朝食を用意する所要時間
7時	0分~5分（平日は夫が朝食を準備）
休日朝起きる時間	**休日の朝食を用意する所要時間**
8時	5分~30分

大阪出身。1994年よりカリフォルニア州ロサンゼルス、97年よりサンディエゴ在住。アメリカ人の夫と娘の3人家族。その前の留学期間を含むと、人生の半分近くをアメリカで過ごす。お菓子・パン作りが大好きで、結婚後アメリカの製菓学校で本格的に勉強する。アメリカのホテル等のペーストリーキッチンで勤務後、妊娠をきっかけに専業主婦に。夫と娘に安全でおいしい食事とおやつを提供できるようにと日々奮闘している。

Yuko

平日朝起きる時間	朝食を用意する所要時間
6時30分	約5分~15分
休日朝起きる時間	**休日の朝食を用意する所要時間**
8時~9時	約5分~30分

京都市出身。幼い頃から料理が好きで、とにかく食べることが大好きな家族と共に日本で育つ。大学卒業後、1994年からフロリダ州の大学院へ留学。その後、マイアミ、サンフランシスコ、サンディエゴの3都市で人生の半分近くを過ごす。アメリカ人の夫と小学生の娘、幼稚園児の息子、ブリタニー犬と一緒にサンディエゴに在住。新鮮で旬な食材を使い、おいしくて体にいいものを家族に提供できるように心がけている。

11/10/25
Yuko

エッグズベネディクト

カリッとトーストしてバターを塗ったイングリッシュマフィンの上に、ハムと半熟のポーチドエッグをのせます。そしてバターと卵黄とレモンで作ったホランデーズソースをたっぷりかけた「エッグズベネディクト」。ソースが固まらないように、卵が硬くなりすぎないように、パンはカリッとトーストして……。すべてをタイミングよく作らなければならないこの一品は、我が家の朝の食卓ではなかなか登場しないのは事実ですが、うまくできたときには家族みんなが喜んでくれる特別な朝食でもあります。

11/10/25
Yuko

バナナブレッド

熟しすぎかなと思われるくらい、バナナの皮が茶色くなってきた頃がバナナブレッドの作り時。オーブンで焼いている間、甘いバナナとバターの香りが家中に広がり、とても幸せな気分になります。
パートナーNorikoのバナナブレッドのレシピは、しっとり＆もっちりの本格的な味。ポイントは、砂糖をたっぷり（粉と同量）入れることと、強力粉を使うこと。翌日に食べても、パサつくことなく、しっとりとおいしいです。

▶ 11/11/03
Noriko

ワッフル

日曜のちょっと遅い朝ごはんに主人が作るのがワッフル。さくさくに焼いてもらって、メープルシロップにディップしながら食べるのがうち流（笑）。娘がレストランでワッフルを頼んだとき、「シロップをディップできる小皿がない」と文句を言ってました。普通は上からかけるんですよ、娘。お友達が泊まりに来たときにも小皿をすすめてたっけ……。恐るべし、うち常識。

▶ 11/11/03
Yuko

ダッチベイビー

オーブンにそのまま入れられる鋳鉄製のフライパン（キャストアイアン・スキレット）を持っていたら一度は作ってみたいダッチベイビー。フライパンごとオーブンに入れて焼くこのパンケーキは、見た目はユニークだけど、ふわふわで意外と上品な味。煮たりんご等のフルーツトッピングをのせて食べてもおいしいですが、一番のおすすめは定番のレモン＆シュガー。フランスのクレープでもそうですが、バターとレモンと砂糖のコンビネーションはどんなトッピングにも負けないおいしさだと思います。

▶11/11/29:Noriko

グリークヨーグルト（ギリシャ風ヨーグルト）

もうここ数年ずっと、グリークヨーグルトはうちの朝ごはんの必需品。アメリカに引っ越してきてから、こっちの、とろとろというか、しゃばしゃばというか、なヨーグルトはどうも私の口には合わなかった。でもグリークヨーグルトは硬さもあり食べ応えがある。だけど、クリーミーでコクもある。好きな人はプレーンで食べるようだが、私にはそのままでは酸味が強すぎる感じがするのでいつもはちみつをかけて食べる。

▶11/12/17:Yuko

ミニフリタッタ（ミニオムレツ）

フリタッタとはフライパンやスキレットなどに野菜やハムなど好きな具と卵、チーズなどを入れてオーブンで焼くイタリア風のオープンオムレツ。日本ではスパニッシュオムレツの方がよく知られていると思いますが、それに似たようなものです。キッシュの底のパイ生地がないバージョンとも言えます。スパニッシュオムレツのようにひっくり返す必要がなく、ある程度具を炒めてから卵と一緒にオーブンで焼くだけ。短時間で簡単にできます。

▶12/01/04
Yuko

バナナパンケーキ

熟したバナナをつぶして、ヨーグルト入りの生地に混ぜ込んで焼く、フワフワのパンケーキ。ハワイに旅行したときに、マカデミアナッツ入りのバナナパンケーキを食べておいしかったのを覚えていますが、今日はくるみを入れてみました。バターとメープルシロップをかけて、朝食に。残った場合は、ラップをして冷凍庫で保存できます。平日の忙しい朝に、冷凍しておいたパンケーキをトースターで焼いて食べるのも便利です。

▶12/01/10:Yuko

Cascade Fresh ヨーグルト

最近はまっているのが、Cascade Fresh（キャスケードフレッシュ）ヨーグルト。気になっていたけどどういうわけか買ったことがなかったのだが、近所のスーパー(Baron's) で一個69セントの広告が出ていたから買ってみた。無脂肪、無添加、砂糖なし、人口甘味料なし、甘さはフルーツジュースのみという、すべてがサウンドグッドで低価格。その上お味も結構いける。ナチュラルで甘すぎないので子どもにも安心して与えられる……と翌日、お店で大量にまとめ買いをしたのでした。

▶12/01/19:Noriko

ハッシュブラウン

アメリカンブレックファーストに欠かせないハッシュブラウン。卵、ベーコンとともに黄金トリオです。とはいっても忙しい平日の朝、時間の関係でなかなかこういうものは作れません。うちではゆっくりできる週末に時々食卓に上がるメニューです。今日は小さく作りましたが、フライパンいっぱいの大判でも！ カリカリになったところがおいしいので、でき立てが最高です。

▶12/02/14
Yuko

アップルシナモンオートミール

アメリカの朝食では温かいオートミールというのもかなり一般的です。お鍋でコトコト煮込んだ手作りオートミールは、やっぱりおいしく、朝から心も体も温まります。自分の好きなように味を調整できるのもいいところ。今日はりんごとレーズンとくるみを入れています。うちではオートミールの日は、まずは鍋を火にかけてからコーヒーを入れて子どものお弁当を作ります。みんなが起きてくる頃には、熱々の朝ごはんができているのです。

▶ 12/03/22 Noriko | おいしいフレンチトースト

アメリカの朝食として定番のフレンチトースト。昨日はおいしそうなユダヤの卵パン「ハラ（Challah）」を見つけたので、それを使いました。フレンチトーストのフレンチって、フランスのこと？　ウィキで調べてみたけどそれらしい情報はなく……でも、世界各地にあるわあるわ、同じ料理が！　ま、卵と牛乳とパンでできるシンプル料理だからそんなに不思議なことではないのかもしれませんね。ある情報によると、アメリカでは、苗字がフレンチという人が考案したからフレンチトーストになったとか。偶然かいっ！　まぎらわしい。

▶ 12/04/07 Yuko | おいしいアスパラガスミラネーゼ

今が旬のアスパラガス。毎年この時期になると、大きな束になった新鮮なアスパラガスがたくさん出回ります。ミラネーゼとはミラノ風。アスパラはさっとゆでてからレモン風味のオリーブオイルにくぐらせ、フライパンで焼きます。そして上からさらにレモン汁をかけ、半熟目玉焼き、パルメザンチーズをふりかけます。ヘルシーで春らしい朝食に。カリッと焼いたトーストと合わせると最高です！

▶ 12/04/10
Yuko

おいしいバナナシェイク

アメリカのハンバーガーショップやダイナーで見かけるシェイクは、大きくて甘くておいし～いのですが、本物のシェイクの材料は、ほぼアイスクリームとフルーツ（またはシロップ）のみで、とても高カロリー。なので家用ヘルシー版シェイクを作りました。皮をむいて切って冷凍しておいたバナナと牛乳、プレーンヨーグルト、はちみつ、バニラエッセンス、氷をミキサーに入れるだけです。これからどんどん暖かくなる季節、朝ごはんやおやつにおすすめです。

▶ 12/11/08
Yuko

おいしいバターナッツかぼちゃのスープ

ひょうたん型のバターナッツかぼちゃは、スープにするのが最も一般的。今までは、玉ねぎを炒めてから普通にかぼちゃとブロス（スープストック）を足して煮て作っていたのですが、料理雑誌に、先にかぼちゃを電子レンジに入れて水分を飛ばすという方法が載っていました。それからさらに炒めるのだそうです。でもまあなかなかレシピ通りに作らない私は、バターナッツかぼちゃの水分を飛ばすというポイントだけは押さえて適当に作ってみたら、まあそれはそれで甘くクリーミーでおいしいスープに仕上がりました。

12/12/02 Yuko
おいしいホームフライ

アメリカのレストランで朝食を頼むときに、お店の人に「ハッシュブラウンorホームフライ?」って聞かれて、「はあ??」と目を丸くし、なじみのある「ハッシュブラウン」を選ぶ人も多いはず(私がそうでした)。今日は「ホームフライ」(じゃがいもの角切りをフライパンでカリッと炒めた、朝食のつけ合わせ用のポテト)と、卵料理、ソーセージ、カリカリに焼いたトーストで、オールアメリカンブレックファーストを作ってみました〜♪

12/12/07 Noriko
おいしいキッシュ

さくさくした生地と、チーズたっぷりの卵の組み合わせが絶妙なキッシュ。パイ生地は薄めにのばし、卵液を入れる前に少し焼いておくとさくさく感がアップ。卵の部分も生クリーム多めで柔らかくクリーミーに。チーズも定番のグリュイエールチーズと少しチェダーをミックス。ナツメグは、ナッツ状のものをすり下ろして入れると、香りが全然違うんですよ。週末の朝ごはん、ブランチにおすすめです!(パイ生地は前の日に用意しておくと次の朝かなり楽です〜。)

18 まつい瑤子さん

Yoko Matsui

平日朝起きる時間	平日の朝食を用意する所要時間
4時45分	約30分
休日朝起きる時間	休日の朝食を用意する所要時間
8時	約45分

料理の写真を撮ることに喜びを感じます。

1974年生まれのO型。北海道出身。出産後、料理写真に興味を持つようになり、Food中心にスタイリングにこだわった撮影を行っています。料理は作ることも食べることも好きですが、料理の写真を撮ることに何よりも喜びを感じます。尊敬する写真家、佐藤孝三さんのように自由自在に光をコントロールして美しい料理写真が撮れるように勉強中です。

「happy rainbow★」
http://yaplog.jp/gorogoronta/

▶09/04/13 | キャベ玉フライ

娘が反抗期まっただ中。「魔の2歳児」という時期です。一時的なものと思われるので静観しているところですが……買い物中駄々をこねたりで困ることも（涙）。そんな理由もあってなかなか買い物へ行けず、乏しい材料でなんとかおかずを作らねば！ と苦肉の策で考えたのがこれ。せん切りキャベツと卵、山芋すりおろしを混ぜて、お好み焼きのように焼いてからフライにしました。苦肉の策が功を奏したのか？（笑） 家族から好評を得た料理。

09/08/04　休日ごはん

実家からいちごとともに送られてきたホタテを使ったカレー風味のピラフに、エビとホタテのワイン蒸しを添えたものです。ピラフは玉ねぎとにんじんのみじん切りをじっくり炒め、帆立の蒸し汁を加えて鍋で炊き上げました。

11/09/17　プレスリーが愛したサンドイッチ

エルヴィス・プレスリーが愛してやまなかったというサンドイッチを作ってみました。トーストしたパンにピーナッツバターをたっぷり塗ってバナナを挟んだだけです。カロリーが気になりますが……おいしいです(笑)。味覚は原点回帰するそうですが、最近「え～またこれ?」等といっちょまえに献立に文句を言うようになった娘もいつか原点回帰してくれる日がくるのでしょうか……。

▶12/07/22　アボカドのサラダスープ

夏になると食べたくなるアボカド。今日はスープ仕立てに。材料はアボカドと少量の玉ねぎ、豆乳、塩・こしょう。隠し味程度にほんの少しコンソメを入れてブレンダーでガ〜ッとするだけ。グラスに注いでベビーリーフ＆コーン＆トマトをのせてサラダっぽくしてみました。

▶12/10/11　擬製目玉焼き

思いつきで桃缶＋ミルクゼリー＝目玉焼きにしてみました。子どもってこういうの好きですね。ウケてくれたのでよかった。①フライパンかお皿を冷凍庫に入れて冷やしておく。桃缶は汁気を切り冷蔵庫で冷やしておく。②鍋に牛乳・アガー（海草由来の凝固材）・砂糖を入れてかき混ぜる。やや弱めの中火にかけ沸騰直前まで温める。③フライパンかお皿に桃を置き、ミルクゼリーを桃の周りに流しミントの粗みじん切りを散らす。

▶12/11/23

ノンオイルパンケーキ

砂糖はごくわずかに、パンケーキの生地はベーキングパウダーやイーストを使わず、泡立てた卵白を加えて作りました。一口食べてみて妙にあっさりしていると思ったら……、生地に油脂類を加えるのをすっかり忘れていて、意図せずにヘルシーなパンケーキができあがってしまいました。このパンケーキは甘さがかなり控えめなので朝食にもぴったり。飴色に炒めた玉ねぎとチーズをのせて軽く焼くとおいしいです。

▶12/12/04

実家からの野菜で朝食

メニューはかぼちゃスープ、ゆで卵、じゃがいもの香草パン粉焼き、生ハムのサンドイッチ、ヨーグルト、フルーツ。お皿の上の紙袋は、卵の殻入れとして。本来の用途とは違う使い方していますが……この紙袋、ちっちゃくてかわいい♪　ストレートに飽きて10数年ぶりにパーマをかけました。イメージ通りに仕上げてもらってルンルン♪　で帰宅したら……「ママ～なんで髪の毛ぼさぼさなの？」と娘に言われました。

▶12/12/09

干ししいたけのリゾットで朝食

実家産の干ししいたけを使って朝食用のリゾットを。メニューは、干ししいたけのリゾット、長芋とベビーリーフのサラダ いくら添え（いくらは実家から♪）、完熟りんごのゼリー、洋なしのフレーバーウォーターという簡単メニューでした。リゾットの盛りつけはDEAN & DELUCAを参考にムースフィルム＋ケーキピックを使って。干ししいたけでリゾットを作ると……ポルチーニに負けず劣らずのおいしさです。

▶12/12/27

くま朝食

無水鍋＆ダッチオーブンで焼いたくまちゃんパンを朝食に。白いほうが無水鍋で焼いたくまちゃん。ガングロ（笑）な子はダッチオーブンで。くまの下のカップにはスープが入ってます。マッシュポテトで作ったくまちゃんサラダを添えて。娘が喜ぶといいな～と思ってくまちゃんを焼いたんですが……サラダに入れたアイスプラントのほうがうれしかったらしい（笑）。アイスプラントに完敗……。

19 barjoさん

barjo

平日朝起きる時間	平日の朝食を用意する所要時間
5時~5時30分	10~20分
休日朝起きる時間	休日の朝食を用意する所要時間
5時~5時30分	10~30分

休みの日には朝食用のパンを焼いてます。

木工作家の夫と山梨でふたり暮らし。なかなか上達しないパン作りの進歩を見ようとブログ「パンでできたドア」を始めました。休みの日には朝食用のパンを焼いたり、野菜直売所で買い物したり。食事の中ではシンプルな朝食が一番好き。3時のおやつ作りも楽しみのひとつ。食事は野菜中心でもおやつにヘルシーは求めない。子どもの頃からテレビを観なかった夫とテレビを持たない生活。

➡「パンでできたドア」
http://barjo.exblog.jp/

▶11/8/12 | おいしいメープルシロップ。

今朝はワッフルで朝ごはん。先日、おいしいメープルシロップをいただいたので。メープルシロップの等級でいうとこれは「ダーク」タイプ。「アンバー」のコクに感動していたので、ダークも試してみたかったのです。さすがにダーク。色が濃くて味も黒蜜のような風味があります。これからアンバーを使う間に、ダークはごほうびのように登場させよう。等級的に上といわれる「ライト」も、いつか挑戦しなくては。ノルマじゃないけどさ。

▶11/10/8

朝食、昨日今日。

買ったばかりのりんごがおいしくなかった。秋なのに。夕食の後、りんごのケーキにしてしまう。溶かしバターで作る簡単なケーキ。キャセロールで焼いたのでしっとりと焼き上がり。
今朝はバジルのオムレツに前日の豆とソーセージの煮込みを添えたもの、かぼちゃのチーズ焼き。庭のバジルも全部刈り取りました。チコリやミックスリーフの種をまいて、冬野菜の準備もしましたよ。

▶11/11/9

手作りベーコンの朝食

落ち着かなく、その辺をうろうろする日々です。庭にチコリの芽が出ない！と思っていたら、種をまいていなかったという。そんなうっかりミス連発の晩秋。
先日のスモークの会で作ったベーコンで朝食。ベーコンとベイクドビーンズ、モロッコいんげんのソテー、紫芋のすだち煮、先日焼いたくるみとオートミールの丸パン。煮て冷凍しておいたパンダ豆を、おいしいベーコンから出た油でローズマリーと炒めたもの。

▶12/2/21

葉っぱとポテトチップスのスープ

お昼はスープとパンにしようと、庭から葉っぱを摘んできました。葉っぱは、冬の間水やりもせずに放置していたミックスリーフです。この寒い冬をやり過ごしただけあって筋があります。まぁ、笹よりはましです。葉っぱとポテトチップスのスープ。薄めのコンソメスープにちぎった野菜を入れてさっと煮る。ポテトチップスを好きなだけ入れてできあがり。すばらしく早い。パンは吉祥寺のリンデのもの。

▶12/03/07

パンケーキを焼かなくちゃ

「朝食、何がいい？」と聞くと、このところかなりの確率で「パンケーキ」と言われてます。今朝はヨーグルトがなかったので、牛乳多め＋酢という荒技で。まぁ、なんとかなります。パンケーキを焼くのが楽しくなる「釜定」のオイルパン。使い始めてもうすぐ1年ほどですが、なじんでいい感じです。今日は小さめのパンケーキをぽんぽんと14枚焼きました。夫の玄能は9枚も食べた……。

▶12/03/29

朝食はブリニ

今日の朝食はブリニ。小さなパンケーキです。いただいたおいしいクリームチーズと一緒に食べようと思ってバターでじゅわっと焼いたのですがそうなると結局メープルシロップで。
おうちカードホルダーは玄能が作ったもの。煙突から煙が出ている感じにしようと思ったらどうみても火事。

▶12/04/16

ジョニーケーキという名のコーンブレッド

これは先日の朝食。「ジョニーケーキ」というコーンブレッド。なんでジョニー？　釜定のフライパンごとオーブンに入れて焼きました。焼きたてにメープルシロップ。彼は「ボソボソしてる……」とコーンブレッドに対して身もふたもないことをいう。

▶12/08/18

タイムの小枝塩

じゃがいもの上にのっているのは「タイムの小枝塩」というもの。先日、友人宅に遊びに行ったときにいただいたものです。そのときもスープのじゃがいもの上にのっていて感動したのです。タイムの小枝に塩の結晶がきらきらときれいなんです。スープに添えたのはクイックブレッド。ナッツやレーズンをたっぷり入れて焼きました。

12/11/05　野菜があれば。

ひさしぶりに直売所に行ってきました。冬も近いというのに、色とりどりの野菜に鼻息も荒くなる。だって洋なしのル レクチェが7つで250円ですよ。11月なのにとうもろこしですよ。買い過ぎてしまう自分を必死で制止。それらで朝食を。パセリをたっぷり入れた緑のオムレツ。我が家のパセリ一年分を消費したのではないかと思う。サラダほうれん草のサラダ、いちじく、豆乳で作ったカッテージチーズ。豆乳熱はまだ細々続いてます。とうもろこし粉のパンも焼いたもの。直売所に行くとやる気が出るらしい。

12/11/07　とうもろこし粉のパン

先日焼いたとうもろこし粉のパン。ほんのり黄色く、とうもろこしの甘い匂いとちょっとボソっとした素朴なところが好き。しかし夫には不評。今朝は、甘くない豆乳のフレンチトーストにバナナのキャラメリゼ、サラダほうれん草と豆のサラダ、ノーザンルビーのマッシュ。マッシュは、ノーザンルビーというピンクのじゃがいもを粗くつぶして、塩と少しの豆乳で和えたもの。

▶12/11/12,13 じゃがいものパンケーキ、洋なしのパンケーキ

昨日の朝食はじゃがいものパンケーキ。生地にすりおろしたじゃがいもとパセリ。ブロッコリーの芯の蒸し煮にチーズをおろして。チーズはミモレット。れんこんはオリーブオイルで焼いただけ。とても甘い。今朝は洋なしのパンケーキ。先日切った洋なしが固過ぎたので、一切れ食べて冷蔵庫に入れたままだった。皮ごとすりおろして、砂糖を入れて、さっと煮たものをたっぷりかけました。溶けたバターと合って、とてもおいしい。カリカリベーコンの塩気も重要。

▶12/11/27

オレンジ風味のパンケーキ

昨日は寒かった。先日、登山講習会のフォローで富士山の近くの山に登ったのですが朝は雪まじりの雨でした。もう冬なのか。まだ秋を満喫してない気がする。まだ栗を食べ足りない気がする。
ベーコンの塩気が強かったので、味つけはなし。素材のみ。煮込むのみ。他力本願。りんごの酸味と甘みがいいコクを出してる。パンケーキはオレンジ風味。

▶12/12/04

朝食ピザ

朝からピザを焼く。といっても生地は粉、塩、水、オリーブオイルのみ。そう、イーストやベーキングパウダーなしの、麺のような生地。朝でもすぐできる朝食ピザ。薄く伸ばした生地にトマトピューレ、ほうれん草。卵を2つ落として、オリーブ、塩こしょう、パルメザンチーズを振ってオーブントースターで焼く。仕上げにオリーブオイル。もう12月。冬ですよ。それなのに庭ではいちごが実った。

本書内容に関するお問い合わせについて

このたびは翔泳社の書籍をお買い上げいただき、誠にありがとうございます。弊社では、読者の皆様からのお問い合わせに適切に対応させていただくため、以下のガイドラインへのご協力をお願い致しております。下記項目をお読みいただき、手順に従ってお問い合わせください。

ご質問される前に

弊社Webサイトの「正誤表」をご確認ください。これまでに判明した正誤や追加情報を掲載しています。

正誤表 https://www.shoeisha.co.jp/book/errata/

ご質問方法

弊社Webサイトの「出版物Q＆A」をご利用ください。

出版物Q&A https://www.shoeisha.co.jp/book/qa/

インターネットをご利用でない場合は、FAXまたは郵便にて、下記“翔泳社愛読者サービスセンター”までお問い合わせください。電話でのご質問はお受けしておりません。

回答について

回答は、ご質問いただいた手段によってご返事申し上げます。ご質問の内容によっては、回答に数日ないしはそれ以上の期間を要する場合があります。

ご質問に際してのご注意

本書の対象を越えるもの、記述個所を特定されないもの、また読者固有の環境に起因するご質問等にはお答えできませんので、あらかじめご了承ください。

郵便物送付先およびFAX番号

送付先住所	〒160-0006　東京都新宿区舟町5
FAX番号	03-5362-3818
宛先	（株）翔泳社 愛読者サービスセンター

装丁デザイン	米倉 英弘（細山田デザイン事務所）
DTP制作	杉江 耕平
編集	本田 麻湖

みんなの朝食日記

2013年5月23日　初版第1刷発行
2013年7月 5日　初版第3刷発行

編者　SE編集部
発行人　佐々木 幹夫
発行所　株式会社 翔泳社（http://www.shoeisha.co.jp）
印刷・製本　株式会社 廣済堂

ISBN978-4-7981-3102-3　Printed in Japan.